シン・国史
黒本

JN057909

篠原 豊太郎

文芸社

はじめに

　本書は、前著『日本史黒本』『国史黒本』をさらにブラッシュアップさせたものです。ゲーム機がモデルチェンジされるたびにスペックを増すように、黒本もさらなる進化を遂げました。処女作から気がつけば12年経ちました。人モノ情報が新しく出てきては次々と消費され一瞬で消え去っていく昨今において、黒本シリーズはこれまで生徒や受験生にそこそこ支持され続けています。それもこれも私の"実験台"となってくれた多くの教え子たちのお陰です。まず最初にこの場を借りて彼らに心よりお礼と感謝を申し上げたいと思います。本当にありがとう。

　さて本書のポイントは、まず構成にさらに磨きをかけたというところです。今回さらなるクオリティを追求し、改良を重ねました。引き続き「日本一薄い日本史参考書」をコンセプトにしているので、ページ数は変えていませんが、情報量を増やしました。これは難関私大受験にもっと対応していきたいという思いからです。早慶上、MARCH、関関同立、わが地元の西南学院大学から福岡大学まで対応していますが、あくまで内容は教科書ベースなので、共通テスト（今だにしっくりきません。「センター」に比べてなんて野暮ったいネーミング。）だけの人は赤字中心に覚えればまったく問題ありません。そして、今回の目玉は難関国立の論述問題対策を極力盛り込んだというところです。もちろん全てを網羅できてはいませんが、エッセンスをふんだんに盛り込んだので、それをベースに後は自分でカスタマイズすればよいでしょう。詳細は「本書の使い方」をご覧ください。

　本年度(2025)から共通テストが新課程となり、日本史探究に歴史総合が加えられます。歴史総合について少し言及しておきたいと思います。色々な方からどういう対策をされますかと聞かれますが、日本史探究の近現代をしておけば問題ないと思っています。教え子には、世界史分野については、中学までの知識をベースに、あとは国語の問題と思って解きなさいと言っています。試作問題がネットにアップされていますが、結局蓋を開けてみなければ分かりません。その辺りはベネッセや各予備校にお任せして、それに揉まれながら傾向と対策を練っていけばいいと思っています。いずれにしてもこのシン黒本で培った基本的内容を踏まえてのことになると思います。私個人としては、共通テストより私大の問題に歴史総合がどうからんでくるかが気がかりですが、それも2、3年やってみないと分からないでしょう。まあその都度考えていくことにします。

　「21世紀は答えのない時代である」「すべての問いには生徒の数だけ正解がある」「日本の詰め込み教育は世界で通用しない」なるほど至極ごもっともなご意見なのですが、私は強い違和感を覚えるのです。あらゆるものには先人が積み上げてきた理（ことわり）、マニュアル、お手本、模範解答が存在します。答えのない時代を生きていくためにも、まず答えのある問題に必死に向き合う必要があるのではないでしょうか。生徒の数だけ正解がある。これは要するに生徒の自主性に任せるということ。指導する者にとってこんな使い勝手の良い言葉はありませんが、私は、これは「指導者の逃げ」以外の何物でもないと思います。自主性は大切ですが、何をするにしてもまずは型が必要なことを指導者は子ども達にたたき込むべきです。確かに何を詰め込むかは問題ですが、詰め込み教育がダメだという科学的根拠はあるのでしょうか。一つ言えるのは、肉やジャガイモ、ルーがないのにおいしいカレーをつくることは不可能だということです。知識があっての探究な

のです。チャットGPTの出現やAIの進化は人が知識の詰め込みをやめていい理由には決してなりません。

「日本には個性や個人の才能を伸ばす土壌や教育制度がないからスティーブ・ジョブズがでてこない」という声もよく耳にします。しかしわが国は大谷翔平、藤井聡太を輩出していますよ。世界を熱狂させている大谷翔平、前人未踏の八冠を成し遂げた藤井聡太。どちらもわが日本が生んだ天才です。もちろんつくり出されたものではありません。天才とはつくり出せるものではなく、突如として勝手に出てくるものですから。しかし、それでもやはり日本の教育から出てきたことに間違いありません。隣の芝が青く見える気持ちは分かりますが、日本人はもっと自国の教育に自信をもっていいと思うのです。「不易流行」という言葉があります。時代に合わせて変えなければならないものと、時代が変わっても変えてはいけないもの。後者に当たるのは、「読み・書き・そろばん」だと私は確信しています。これに個人的に「型」と「暗記」を加えて「読み・書き・そろばん・型・暗記」。今後このような天才がでてくるかどうかは宝くじみたいなものですが、基礎学力はつけさせれば必ず身に付きます。将来メジャーリーガーになるにしても、プロ棋士になるにしても、ノーベル賞をねらうにしても、ユーチューバーになるにしても、そして普通の人として幸せな人生を送るにしても、根幹にあるのは基礎学力だと信じています。

本書は受験で点をとることに特化してつくりました。今の日本において高校生を勉強させる動機づけは「受験以外にない」というのが現実です。受験があるから勉強する。勉強することで成長する。私はこれでいいと思うのです。主体的か受動的か、前向きか後ろ向きかは関係ないのです。とにもかくにも、日本の若者たちが将来に不安を抱きつつ、プレッシャーに押しつぶされそうになりながらも歯を食いしばって問題に向き合う、その行為が何よりも尊く、その経験が何物にも代えがたいのです（ただどうせやるなら主体的かつ前向きに取り組んだ方が効果的なのは間違いありませんよ）。巷の耳障りのいい安易な風潮に踊らされることなく、本書を十二分に活用して日本史でいい点をとってください。当然のことですが、人生は点数がすべてではありません。しかし、受験は点数がすべてです。どんな崇高な志も、どんな高尚な理念も、点を取らなければ全く意味を成さない世界です。生まれも、性別も、容姿も一切関係ない点数だけの世界。なんと平等で公平な世界なのでしょう。私はとてもすばらしいことだと思います。「真の学力」って一体何なのでしょうか？　私は、そんなもの誰も知るはずないし、知る必要もないと思っています。そんなの世間が勝手に騒いでいるだけではないでしょうか。一つ間違いないのは、圧倒的な人間力、最強の生きる力は学力だということです。だから雑音は一切無視して、テストでいい点を取ることに専念してください。いい点とっていい大学に行ってください。いい大学に行っていい会社に入ってください。その後はって？　後は自分で考えてください。

生徒にいつも言っています、「大学受験はおそらく人生を変える最後のチャンスだ」と。

ぜひ本書を活用して自分の未来を自分で切り拓いてください。

ペン1本で自分の運命をこじあけられるのが大学受験です。

微力ではありますが、その一助となればと願ってやみません。

目次

1、本書の内容を覚える。

　まずは赤字を覚え、次に通読して大きな全体の流れをつかんでください。私大を目指す人は、志望校の難易度に応じて赤字以外の細かい事項も押さえていかなければなりません。周知のように、センター試験から共通テストに変わって思考力を問う問題が増えました。しかし、はじめにでも言及したように、思考力は間違いなく知識量に比例します。とにかく覚えましょう。見るだけで覚えられるならそれでいいし、書かないと覚えられないなら紙の裏に書きまくればいいと思います。音読派なら音読してください。これらをハイブリッドする人も多いでしょう。要は自分にとって最も効果的な方法をとればいいということです。「最も効果的な勉強法を教えてください」と聞いてくる生徒がいます。ある程度のアドバイスはできますが、最終的には自分で見つけなりればなりません。「自分を知る」ということが受験の一番の醍醐味なのです。

2、チェックする。

　定期テストの勉強でなかなか覚えられないもの、模試で間違えたものなどに色ペンで「正」の字をつけていってください。私は生徒に赤ペンを使わせます。そして最後は志望校の過去問演習です。過去問演習量と合格率は比例します。過去問を解きまくる中で、例えば早稲田大学ででたなら㊩、同志社大学ででたなら㊌、九州大学ででたなら㊈、西南学院大学ででたなら㊃といった具合にマークしていってください。これを繰り返していくと、自分の弱点や志望校の傾向が如実に見えてきます。「成長は記録からはじまる」のです。

3、2に加えて写真や地図、または本書に載ってない事項等で、自分が必要だと感じたものを貼ったり書き加えたりしていく。

　本書では文化史の写真をあまり掲載していません。その代わり、文化の所は極力スペースを設けています。昨今のスキャンやカラー印刷技術の向上はめざましいものがあります。だから生徒には、自分で見つけて貼りなさいと指導しています。生徒はけっこう楽しんでやっているようです。またチェック作業を繰り返してきたら、「これはわかっているからもういいや」とか「これは答えとは直接関係ないけど大事そうだからチェックしとこう」あるいは「黒本に書いてないので書き足しとこう」といった自分なりの尺度・価値観がうまれてきます。「捨てる」こともできるようになってきます。そうなったらもう教師は必要ありません。受験の最終形態は「自分で勉強する」ですので。

　私は、参考書は買うものではなく、自分で作り上げるものだと考えています。本書はあくまで"たたき台"です。ぜひこれを自分なりにアレンジ、カスタマイズしていってください。あなたの生命を注ぎ込んだ黒本が、最後にあなた自身を守ってくれる最強のお守りとなるに違いありません。

4、また忘れているので1に戻る。

　1、の作業はとにかくひたむきにコツコツやるしかありません。野球界のかつてのスーパースター、イチローはこう言っています。「夢をつかむというのは一気にできません。小さなことをコツコツ積み重ねることで、いつの日か信じられないような力を出せるようになってきます。」我々の見えないところで、どれだけキャッチボールや素振りといった基礎練習を地道に繰り返してきたことでしょう。受験も全く一緒だと思います。いや、受験に限らず。万事においてこのような地道な反復を乗り越えずに、「楽しむ」なんて、寝言は寝てから言えって話です。

　皆さん、グダグダ考えずにとにかくやりましょう。そして、やり続けましょう。そうすれば大概のことはうまくいくと確信しています。「楽しさ」は最初から求めるものではなく、後からついてくるものなのです。野球界の現在のスーパースター、大谷翔平は自分を信じて“二刀流”に挑戦し、前人未踏の結果を残しました。世界最高峰のメジャーリーグで本塁打王を獲得すると同時に2桁勝利を達成することに比べたら、第一志望合格なんてたいした問題ではありません。それでもうまくいかなかったら…その時は単に受験に適性がなかっただけで、ほかの適性を探せばいいだけの話です。

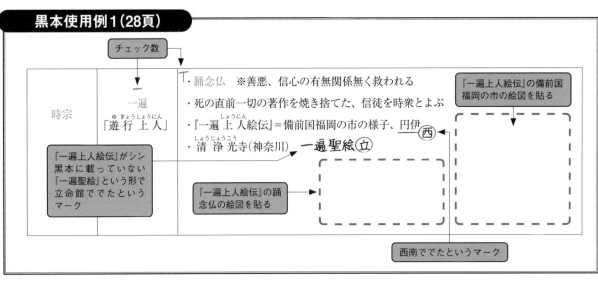

黒本使用例1（28頁）

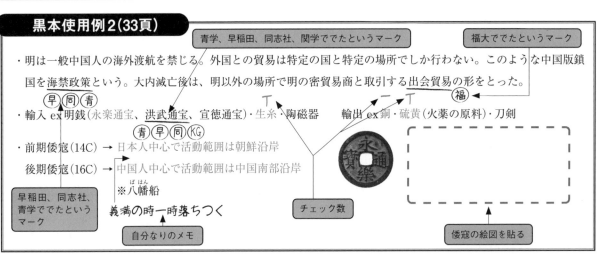

黒本使用例2（33頁）

古 代

先史・古代

1 先史

先土器時代

- 気候寒冷(更新世)、日本列島は大陸と地続き、南からナウマンゾウ(※長野県野尻湖)などの大型動物渡来
- 打製石器(旧石器) 尖頭器をつけた槍、ナイフ形石器 石匕(皮はぎ)、末期に細石器出現
- 化石人骨 新人 ex静岡浜北、沖縄港川、兵庫明石?

石器

- 岩宿遺跡=群馬、相沢忠洋が関東ローム層から打製石器発見

※年代の測定には、付着した炭素や樹木の年輪を調べる放射性炭素年代測定法、加速器を用いて炭素を測定するAMS法

縄文時代 B.C. 10000 ～(12000年前)

- 気候温暖化(完新世)、日本列島完成

  動物小型化 → 狩猟具弓矢使用、落とし穴、イヌ

  海面上昇(海進) → 漁労発達、道具骨角器・石錘(重り)

- 磨製石器(新石器)出現　ex 石鏃(矢じり)、石皿
- 縄文土器(草創・早・前・中・後・晩)縄目文様、厚い、黒 世界最古
- 竪穴住居(掘立柱)に定住はじまる　※環状集落
- 西日本 カシ・シイの照葉樹林

- 大森貝塚=東京、モース(「縄文土器」命名)が発見

  貝塚 → 加曽利(千葉、最大)　津雲(岡山)

  　　　鳥浜(福井、ヒョウタン種子)

- 三内丸山遺跡=青森、縄文最大の集落跡

  　　　クリの栽培

- 亀ヶ岡遺跡=青森、最も発達した縄文土器発見
- 大湯遺跡=秋田、環状列石(ストーンサークル)

- 天然資源　黒曜石(石鏃) → 長野和田峠、北海道白滝、伊豆の神津島、大分姫島

  　　　ひすい(硬玉、緑、装飾用) → 新潟姫川　　サヌカイト → 香川で多産、奈良二上山

  　　　※広範囲で交易が行われる

- 風習　自然崇拝のアニミズム(神道となる)、通過儀礼の抜歯、埋葬法屈葬(晩期に再葬墓出現)

  　　　男性器の象徴石棒、女性をかたどった土偶(遮光器、東日本)

弥生時代 B.C. 300 ～ 300目安

- 水稲耕作(長江から伝来)開始、農耕社会へ　湿田 → 乾田

  北海道・沖縄には伝わらず ※北海道は続縄文文化(7C擦文土器出現、擦文文化)・沖縄は貝塚文化

  大陸製の石包丁で穂首刈り、高床倉庫に貯蔵

  貧富の差、余剰生産物をめぐって戦争 → 戦争に備えて柵や土塁をめぐらせた環濠集落、逃避用の高地性集落

- 弥生土器(東京都文京区弥生の向ヶ岡貝塚から出土、遠賀川式)使用、赤　食べ物を盛る高杯

- 青銅器(※銅と錫の合金)・鉄器の使用が同時にはじまる

  └→ 祭器のみに使用、農具・武器・副葬品には不使用

  　　※銅鏡は副葬品OK

  近畿銅鐸、瀬戸内銅剣、九州銅矛・銅戈

- 埋葬法伸展葬

脱穀

- 水田跡

  板付遺跡(福岡)・菜畑遺跡(佐賀)=初期

  　百間川遺跡=岡山、田植え跡

  　登呂遺跡=静岡、最大、高床倉庫跡

  　砂沢遺跡=青森、東日本最古

  　垂柳遺跡=青森

- 戦争関係

  環濠集落遺跡

  　吉野ヶ里遺跡(佐賀)、唐古・鍵(奈良)

  　池上曽根(大阪)、朝日(愛知)、大塚(横浜)

  　紫雲出山遺跡=香川、高地性集落

  　土井ヶ浜遺跡=山口、矢を受けた兵士埋葬

- 青銅器

  荒神谷遺跡=島根、銅鐸・銅剣・銅矛

  加茂岩倉遺跡=島根、銅鐸39個

② 中国史料にみられる日本

『漢書』地理志　班固著
　夫れ楽浪海中に倭人有り、分れて百余国と為る。歳時を以て来り献見すと云ふ。

・漢の武帝がB.C.108年に朝鮮半島に設置した楽浪郡(現在の平壌)に定期的に使者を送っていた

『後漢書』東夷伝
　建武中元二年、倭の奴国、貢を奉じて朝賀す。……光武、賜ふに印綬を以てす。安帝の永初元年、倭の国王帥(師)
升等、生口百六十人を献じ、請見を願ふ。桓霊の間、倭国大いに乱れ、更相攻伐して暦年主なし。

・57年後漢(都は洛陽)の光武帝から倭の奴国王が金印をさずかる　文字「漢委奴国王」(つまみは蛇)
　江戸時代に福岡志賀島から発見
・107年倭王帥(師)升が生口(奴隷)を献上する → その後倭国大乱　　須玖岡本遺跡＝奴国の王墓

『魏志』倭人伝(※『三国志』の一つ、成立は『後漢書』より早い)　陳寿著
　倭人は帯方の東南大海の中に在り、山島に依りて国邑を為す。……邪馬台国に至る。女土の都する所なり。……倭国
乱れ、相攻伐して年を歴たり。乃ら共に一女子を立てて王と為す。名を卑弥呼と曰ふ。鬼道を事とし、能く衆を惑
はす。……景初二年六月、倭の女王、大夫難升米等を遣し郡に詣りて、天子に詣りて朝献せんことを求む。……今汝を
以て親魏倭王と為し……卑弥呼以て死す。……更に男王を立てしも、国中服せず……。復た卑弥呼の宗女壱与(台与)
の年十三なるを立てて王と為す。国中遂に定まる。

・男王、倭国大乱 → 邪馬台国の女王卑弥呼、鬼道(※呪術)による統治、平和 → 死後男王即位、再び大乱
　→ 女王壱与、平和、晋に使者おくる

・239年難升米を帯方郡経由で魏に派遣、「親魏倭王」の称号と金印(※未発見)、三角縁神獣鏡という銅鏡がおくられる

・卑弥呼は巫女、独身で弟が補佐、狗奴国との戦争中に亡くなる

・邪馬台国の社会　大人・下戸の身分差、地方官一大率(伊都国)、市(大倭が監視)が開かれる
　　　　　　　　租税や刑罰の制度あり　貫頭衣

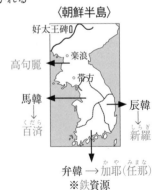

〈朝鮮半島〉

好太王(広開土王)碑文(息子の長寿王作)
　而るに倭、辛卯の年よりこのかた、海を渡りて百残(百済)を破り新羅を□□し、
以て臣民と為す

・313年高句麗(都は丸都)は楽浪郡を滅ぼし、391年好太王は倭を破る
　乗馬が日本に伝わる

『宋書』倭国伝
　興死して弟武立つ。自ら……安東大将軍倭国王と称す。順帝の昇明二年使を遣して上表して曰く……東は毛人を征す
る…西は衆夷を服する…渡りて海北を平ぐる…。

・倭王武(＝雄略天皇)の上表文(478)

・倭の五王〔讃・珍・済・興(安康天皇)・武〕は国内の権威の強化と朝鮮半島での立場を有利にするため
　南朝に朝貢(皇帝にあいさつにいくこと)　皇帝から王に任じられ臣従することを冊封(体制)
　メリット＝安全保障の強化、経済的利益
　※実際授けられた称号は「安東大将軍倭王」、百済の支配権は認められず

③ 古墳時代と大和政権

	3C	4C(前期)	5C(中期) 五王	6C(後期)	7C
古墳	方形周溝墓 九州北部支石墓(朝鮮系)、甕棺墓 四隅突出型墳丘墓(山陰) 楯築墳丘墓(岡山) ※地域性がある	前方後円墳 ex箸墓古墳 卑弥呼? 一帯を纒向遺跡	巨大化 大阪大仙陵古墳(⑯仁徳天皇陵、百舌鳥古墳群) 誉田御廟山古墳〔⑮応神天皇(=八幡神)陵、古市古墳群〕 埼玉稲荷山古墳(「辛亥」、杖刀人、斯鬼宮) 熊本江田船山古墳 →出土した鉄剣に「獲加多支鹵大王」(㉑雄略天皇)の銘 漢字伝来、金石文	群集墳 有力農民埋葬 円墳	装飾古墳 ex竹原古墳(福岡) 八角墳 天智・天武・持統 斑鳩に藤ノ木古墳 蘇我馬子の墓である石舞台古墳
石室	竪穴式石室 ※粘土槨		※古墳が画一化、政治的統合進みヤマト王権の支配が関東・九州まで及ぶ	横穴式石室 ※追葬可能に、朝鮮の影響、葺石をしきつめる、棺を納める玄室、そこまでの通路羨道	
副葬品	呪術的 ex碧玉製腕輪、三角縁神獣鏡		武人的 ex馬具		
土器		国産土師器	大陸系須恵器 ※灰色		
埴輪(←特殊器台)※土止め用		円筒	形象(家形・器財)		

・氏姓制度＝大和朝廷の豪族統制に用いた制度 ※氏 → 血縁、姓 → 家柄・職務
　　　　ex臣 → 蘇我　連 → 物部・大伴　君 → 地方有力豪族、国造に任命　直 → 地方の一般豪族
・伴造＝世襲的職業団体(品部)の長 ex陶作部、錦織部、韓鍛冶部、史部
・大王の直轄領屯倉(耕作は田部)、直轄民名代・子代、豪族の直轄領田荘、直轄民部曲
・伝来 百済から七支刀(奈良の石上神宮) 隅田八幡人物画像鏡(意柴沙加宮) 6C五経博士が儒教、医・易・暦を伝える
・呪術 鹿の骨を焼いて吉兆を占う太占の法、熱湯に手をつけて真偽を判断する盟神探湯、災いを避ける禊・祓
　　　春に豊作を祈る祈年祭、秋に収穫に感謝する新嘗祭(※天皇即位の年は大嘗祭)が行われる
・古墳 造山＝岡山、国内4位の規模　　岡田山1号墳＝大刀に「額田部」(名代)　　太田天神山＝群馬、東日本最大
・遺跡 三ツ寺Ⅰ＝豪族館跡(※一般民衆と居住区別)　黒井峯＝群馬、榛名山噴火で埋没
・信仰 天照大神(皇室の祖)を祀る三重の伊勢神宮(神明造)、大国主(天照に国を譲る)を祀る島根の出雲大社
　　　奈良の三輪山を神体とする大神神社、福岡の宗像大社が神として祀る玄界灘の孤島は沖ノ島(「海の正倉院」)
　　　三種の神器＝皇位の象徴、八咫鏡・八坂瓊勾玉・草薙剣　初代神武天皇　⑩崇神天皇
・鉄製農具U字形鍬・鋤(スコップ)　・カマド、米を蒸す甑、蒸した米は強飯

④ 飛鳥時代

継体	・527年筑紫国造磐井が新羅と組んで反乱をおこす(磐井の乱、岩戸山古墳)、物部麁鹿火が鎮圧 → 九州北部に屯倉設置　・天皇を擁立した大伴金村が加耶(562年滅亡)を百済に割譲、後に糾弾され失脚
欽明	・百済の聖明王が仏教を伝える『上宮聖徳法王帝説』『元興寺縁起』は538年、『日本書紀』は552年 賛成 蘇我稲目(渡来系) VS反対 物部尾輿(神道系)

仏教受容問題で推進派の大臣蘇我馬子が聖徳太子(厩戸王)とともに反対派の大連物部守屋を滅ぼす
→ 太子、四天王寺(大阪)建立　　崇峻天皇が東漢直駒に暗殺される

㉝推古⊛	・蘇我馬子が擁立、聖徳太子(師は高句麗僧の恵慈)　600年遣隋使(日本に記録はないが中国史料にあり)、

超大国隋の出現を受け国家体制強化をはかる　家柄ではなく個人の能力を重視する冠位十二階(603)

役人としての心がまえを説いた憲法十七条(604)を制定　1.和を以て貴しとなし　2.篤く三宝(※仏法僧、仏教)を敬へ

　　　3. 詔を承りては必ず謹め　17.事は独り断むべからず。必ず衆と論ふべし

・遣隋使

　　大業三年、其の王多利思比孤、使を遣して朝貢す。……其の国書に曰く「日出づる処の天子、書を日没する処の天子

　に致す。恙無きや、云云」と。帝、之を覧て悦ばず、鴻臚卿に謂ひて曰く、「蛮夷の書、無礼なる有らば、復た以て

　聞する勿れ」と。(『隋書』倭国伝)　　※地方組織・地方官「軍尼」の記載あり

　　607年遣隋使小野妹子 → これまでの朝貢と異なり日本側が隋に対して対等を主張 → 皇帝煬帝激怒(高句麗と交戦中)

　　　→ 妹子、返使裴世清と帰国 → 翌年妹子は高向玄理・旻・南淵請安を連れて裴世清を隋に送り届ける

　　※大陸の先進的制度・文物・技術を取り入れる　「天皇」号の成立

舒明	・630年初の遣唐使として犬上御田鍬・薬師恵日派遣
皇極⊛	・645年中大兄皇子が飛鳥板蓋宮にて中臣鎌足らとともに蘇我蝦夷・入鹿親子を滅ぼし中央集権化を進める 　(乙巳の変)　大化の改新　※「大化」はわが国初の元号、令和は248番目 　背景　1.唐の高句麗侵攻による国際情勢の緊張　2.聖徳太子の子山背大兄王が蘇我入鹿に滅ぼされる
孝徳	・難波で即位、改新の詔発布 1.公地公民(食封を給与)　2.国郡里　3.戸籍・計帳・班田収授　4.租庸調 ・新潟に渟足・磐舟の城柵を設け支配領域を広げる、東北の住民は蝦夷とよばれた
斉明⊛	・皇極女帝が再び皇位につく(重祚)　　　・東北、秋田に阿倍比羅夫を派遣　　　酒船石遺跡 ・福岡朝倉宮で崩御(661)、中大兄皇子が称制(即位せず政務を執る) ・白村江の戦い(663)＝百済復興(660年滅亡、鬼室福信が救援要請)のため日本は朝鮮半島で唐・新羅と戦い敗北 　　　　この後高句麗滅亡、新羅朝鮮統一
天智	・中大兄皇子が唐の侵攻に備え内陸の近江大津宮で即位、近江令制定　大宰府に水城、西日本各地に朝鮮式山城 　築造、ex 大野城・基肄城(福岡)、金田城(対馬)、高安城(畿内)　烽(のろし)設置 ・初の全国的戸籍庚午年籍(永久保存だが現存せず)　・中臣鎌足に「藤原」の姓と大織冠の位を贈る

壬申の乱(672)＝天智の後継をめぐって㊙大海人皇子(※小豪族)が吉野で挙兵、㊛大友皇子(※大豪族、弘文天皇)と争う

　　　　　　→ 大海人が勝利、大友側についた大豪族没落、天皇権力強大化

天武	・飛鳥浄御原宮で即位、飛鳥浄御原令制定　　　「天皇」の称号使用開始、天皇中心の皇親政治を行う ・天皇中心の身分秩序をつくるため八色の姓制定 1.真人　2.朝臣　3.宿禰　4.忌寸　5.道師　6.臣　7.連　8.稲置 ・富本銭鋳造(飛鳥池遺跡)

持統⊛	・藤原京遷都 → 出土した木簡(荷札等)から郡評論争がおこる 　※最初の本格的都城(条坊制)　地方行政単位「評」→「郡」 耳成山△ 畝傍山△ 宮城 天香具山 ・飛鳥浄御原令施行 ・戸籍庚寅年籍 ・初めて火葬(僧道昭) → 死穢の問題が解決され都の固定が可能に
文武	・701年刑部親王・藤原不比等が大宝律令制定　※「日本」の国号

天智系図:
天智 — 持統 / 天武 / 大友 / 大津 / 光仁 / 淡海三船
天武 — 草壁 / 高市 / 舎人 / 刑部
不比等 — 元明 — 文武 — 聖武 — 孝謙(称徳)
光明子
四子 / 宮子 / 元正 / 長屋王 / 淳仁 / 桓武

11

5 大宝律令

唐にならった（永徽律令）律令（※律は刑法、令は行政法）に基づく国家の仕組みが完成。中央は祭祀担当の神祇官と行政全般を管轄する太政官の二官があり、太政官のもとに八省〔中務（詔書の作成）・式部（教育）・治部（仏教、外交）・民部（税・戸籍）・兵部・刑部・大蔵・宮内〕がおかれた。行政は、太政大臣（※常任ではない「則闕の官」）・左大臣・右大臣・大納言などからなる太政官の公卿の合議によって運営された。このほか、風俗取締りを業務とする弾正台や、天皇の起居する宮城の警備を行う五衛府、そして市を管轄する市司などが設けられた。

地方は、全国が畿内（山城・大和・摂津・和泉・河内）・七道に行政区分され、国・郡・里（※50戸で1里）がおかれて、国司・郡司・里長が任じられた。国司は中央の貴族が任命され、任期は6年、役所は国衙。郡司はもと国造であった地方豪族が任命され、任期は終身、役所は郡衙。伝統的な支配力を背景に徴税、裁判などを行った（当初は軍権も握っていたが国司に移譲され、税権も平安中期に国司へ移る）。難波には摂津職、外交・軍事上の要地である九州北部には七道の西海道を統括する大宰府（※「遠の朝廷」迎賓施設は鴻臚館）がおかれた。都と地方の行き来については駅制によって16キロごとに駅家がおかれ、駅鈴を持つ者のみ使用できた（※農民は使用不可）。官吏は位に応じて官職に任じられた（官位相当制）。五位以上が貴族とされ、その子は手厚く優遇された（蔭位の制、三位は孫まで）。刑罰には五刑（笞・杖・徒・流・死）、天皇に対する罪や身内に対する不孝といった八虐は貴族であっても厳しく罰せられた。

- 四等官制　1長官　2次官　3判官　4主典

  国司　　守　　介　　掾　　目　　※郡司の長官は大領
- 三関　北陸道の愛発（→逢坂）、東山道の不破、東海道の鈴鹿
- 上級貴族に与えられるボーナスが季禄、付き人は資人

  50戸につき2人出された政府の雑用係を仕丁

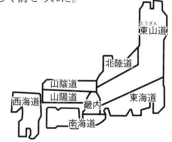

租税制度については、田地にかかる税として租があり、収穫の3％（2束2把）が地方に蓄えられた。庸は布を中央に納める〔畿内の者は都での労役10日（歳役）〕。調は地方の特産物を中央に納める。庸調を都まで運ぶことを運脚。60日間地方労働に従事する雑徭、国家が春に稲を貸し秋に利稲とともに徴収する制度は出挙（公－利息5割と私－利息10割、地方財源）、凶作に備えて粟を蓄えておくことは義倉。余った土地である乗田を貸して地子を得ることは賃租。

- 少丁（17～20）、正丁（21～60）、老丁（61～65）
- 位に応じて位田、官職に応じて職田、寺社には寺田・神田　※これらは免租

	少丁	老丁
庸	なし	1/2
調	1/4	1/2
雑徭	1/4	1/2

政府が6歳以上の男女に口分田を与え、亡くなれば回収することを班田収授（法）という。班給された口分田は男が2段、女はその3分の2（※売買禁止）。租を徴収するために戸籍を6年ごと（班田が確認される最古は正倉院文書）、庸・調を徴収するための台帳計帳を毎年作成。賤民を官有の陵戸・官戸・公奴婢、私有の家人・私奴婢に分けることを五色の賤（良民や他の賤民との結婚不可、私奴婢のみ売買可）。農地区画制は条里制、都の区画制は条坊制。兵役は、成年男子3～4人に1人の割合で兵士が徴発され、兵士は諸国の軍団で訓練を受け、1年間都を警備する衛士や、3年間九州沿岸を防備する防人（東北人多し、武器・食糧自前、租以外免除されるも大きな負担）につく。教育では、中央に大学、地方に国学が設置され（統治に必要な文筆能力を身につける）、明経道（論語）、明法道（律令）、紀伝道（中国史）などが教えられた。

- 1段＝360歩、官有賤民の口分田は良民と同額、私有賤民は良民の1/3

1 奈良時代

元明㊛	・708年武蔵国から献上された銅を使用して最初の皇朝十二銭である 　和同開珎(かいちん)(モデルは唐の開元通宝)を鋳造、平城京造営の 　費用にあてるため、流通をはかって蓄銭叙位令発布 → 効果なし ・710年平城京遷都〜唐の都長安をモデル、人口10万
元正㊛	・藤原不比等が養老律令制定、722年百万町歩(ぶ)の開墾計画、723年三世一身法制定
聖武	・724年東北陸奥国に多賀城を築き鎮守府設置(712年出羽国設置)、733年秋田城築く 　九州では大伴旅人(たびと)が薩摩・大隅の隼人(はやと)を制圧 ・729年皇族長屋王は藤原光明子の皇后問題で藤原四子 　〔㊦武智麻呂(なちまろ) ㊗房前(ふささき) ㊗宇合(うまかい)(遣唐使) ㊗麻呂〕に 　敗れて自害(長屋王の変) 　　　↓ 　しかし、四子は天然痘で相継いで亡くなり、かわって橘諸兄(もろえ)が 　遣唐使の吉備真備(きびのまきび)・玄昉(げんぼう)(法相宗)を重用して実権を握る 　　　↓ 　740年吉備真備・玄昉の排除を求めて藤原広嗣(大宰少弐(しょうに))が大宰府で反乱をおこす 　→ 平城京から恭仁(くに)(山城) → 難波 → 紫香楽(しがらき)(滋賀)と都を転々とした ・疫病流行や政情不安の中、仏教により国の安泰をはかる鎮護国家思想が高まる 　国分寺建立の詔(みことのり)(41)　国分寺 → 金光明四天王護国之寺(こんこうみょうしてんのうごこくのてら)　国分尼寺 → 法華滅罪之寺(ほっけめつざいのてら) 　大仏造立の詔(43)　「天下の富を有(たも)つ者は朕(ちん)なり」　※紫香楽 ・743年墾田永年私財法発布　※大仏造立で豪族に負担を強いるのでその見返りとして
孝謙㊛	・752年大仏開眼(かいげん)、盧舎那仏(るしゃなぶつ)完成　※陸奥の金使用、インドから菩提僊那(ぼだいせんな)来日 ・橘奈良麻呂の変を藤原仲麻呂が鎮圧、養老律令施行　　　唐で安史の乱
淳仁	・仲麻呂は紫微中台(しびちゅうだい)の長官につき「恵美押勝」の名を賜り太政大臣(大師(たいし))までのぼるが(新羅征討計画) 　光明皇太后の死後孤立、恵美押勝の乱をおこすが失敗して自害(764)、天皇は淡路(あわじ)に配流
称徳㊛	・孝謙女帝が重祚、弓削(ゆげ)氏出身で法相宗の僧道鏡を重用、藤原氏を抑えるために加墾禁止令だすもつぶされる ・道鏡は法王となり、その後皇位にせまるが和気清麻呂が阻止、下野薬師寺(しもつけ)に追放(宇佐八幡神託事件)
光仁(こうにん)	意義＝皇統が天武系から天智系へかわった 藤原百川(ももかわ)が補佐　　東北で伊治呰麻呂(あざまろ)が多賀城を焼打ちにする

宮城

西　東　外京　左京　右京　朱雀大路

[系図]
美努王　橘三千代　不比等
橘諸兄(葛城)　光明子
㊦武智麻呂―仲麻呂
㊗房前―□―冬嗣
㊗宇合―広嗣／種継―薬子・仲成
㊗麻呂
百川―緒嗣
京麻呂

◇外交　白村江の戦い後、唐・新羅関係悪化 → 新羅が唐の侵攻に備え日本に朝貢 → その後唐・新羅関係改善
　→ 新羅対等要求、日本依然朝貢要求 → 日本・新羅関係緊張　※経済・文化的交流はずっと活発

　　遣唐使の航路変更　7C安全な北路(ほくろ) → 8C以降は危険な南路(なんろ)　※船4隻「よつのふね」

　　新羅との対立関係から、中国東北部に靺鞨族(まっかつ)によって建国された渤海(ぼっかい)と緊密な通交〔軍事的→経済的(朝鮮人参)
　　・文化的〕、この使節は越前の敦賀(つるが)などに来航し、迎賓施設として松原客院(まつばらきゃくいん)設置

　阿倍仲麻呂(朝衡(ちょうこう))は科挙に合格、皇帝玄宗に気に入られ帰国できず唐で客死「天の原ふりさけみれば春日なる〜」
　702年遣唐使粟田真人(あわたのまひと)、長安で墓誌が見つかった井真成(いしんせい)、藤原清河(房前の子)も唐で客死
　日本は唐に朝貢したが、唐の冊封下にはいることはない(「王」ではなく「天皇」を用いる)グレーな関係

② 桓武・嵯峨　※平安前期、弘仁貞観文化

桓武天皇　母は百済系の高野新笠

・造営長官藤原種継の暗殺や弟早良親王の怨霊などで長岡京遷都が失敗

794年平安京(山城)遷都 → 風水的にパーフェクトな四神相応の地、道鏡問題から奈良仏教の移設禁止

平城京では政務・儀式は朝堂院の中の大極殿で行われていたが、平安時代になるとしだいに天皇の居所である内裏

(「御所」『禁中』『禁裏』とも言われる)の紫宸殿で行われるようになる

唐の長安と異なり城壁なし、右京が荒廃

・政治改革　令外官(※律令にのってない官職)として、国司の交替を監視する勘解由使(解由状)を設置

軍団にかわる新たな兵制として健児を設け(※東北・九州は軍団継続)、郡司の子弟らによる少数精鋭の兵を組織

班田6年1班 → 12年1班(1紀1班)　出挙の利息を5割 → 3割　雑徭60日 → 30日

・征夷大将軍坂上田村麻呂(清水寺建立)を東北に派遣、阿弖流為の乱(紀古佐美を討つ)鎮圧

鎮守府を多賀城から胆沢城に移し、さらに北に志波城を築く

開拓・防衛にあたるのは柵戸、大和政権に恭順した蝦夷を俘囚という

・藤原緒嗣と菅野真道の政策論争(徳政論争)があり、桓武は緒嗣の意見を採用、平安京造営と蝦夷征討の中止を決定

平城天皇　平城京還都

嵯峨天皇

・810年平城太上天皇の変(薬子の変)　※譲位した天皇は「太上天皇」、略して上皇

平城京派の平城上皇＆藤原仲成・薬子⑰ VS 平安京派の嵯峨天皇＆藤原冬嗣⑯　※「二所朝廷」

　→ 嵯峨勝利、政治の安定のため上皇は宮中をでて天皇への権力集中をはかる、藤原北家の時代へ

・令外官として、天皇の秘書官長蔵人頭(機関名は蔵人所、藤原冬嗣・巨勢野足)、警察検非違使設置

・法整備、社会の変化に応じて法令を格(律令の補足修正)、式(施行細則)に分類・編集

三代格式 嵯峨−弘仁格式、清和−貞観格式、醍醐−延喜格式　※延喜式は完存、格を分類集成したものが『類従三代格』

令の解釈書として清原夏野の『令義解』(官選)、惟宗直本の『令集解』

・東北に文室綿麻呂を派遣し、蝦夷征討終了　※志波城水害、南に徳丹城築く、元慶の乱で秋田城焼打ち

・その他の令外官　⑰中納言 → ㉒按察使(地方監督) 参議 内大臣
・小野篁 は遣唐使拒否して流罪

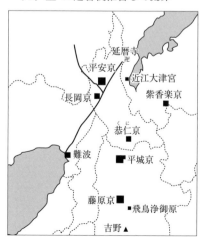

③ 藤原北家の他氏排斥　※平安前中期

藤原良房 （よしふさ）	842年 承和の変（じょうわ）で橘逸勢・伴健岑（とものこわみね）を排斥　恒貞親王（つねさだ）廃
	858年 9歳の清和天皇の摂政（幼少天皇の代行）に就任
	866年 応天門の変で大納言 伴善男（とものよしお）流罪　ぬれ衣 源信（みなもとのまこと）
藤原基経	884年 光孝天皇の関白（成人した天皇の後見）に就任
	888年 阿衡（あこう）の紛議で宇多（うだ）天皇が勅書撤回、基経に屈服　天皇＜関白　起草した橘広相（ひろみ）処罰
	基経の死後、宇多は学者菅原道真を重用、宮中の警備に滝口の武士を設置
	894年 菅原道真の建議で遣唐使中止　理由＝唐の衰退と航路の危険性のため
	※907年唐滅亡 → 宋、26年渤海滅亡 → 遼（契丹）、35年新羅滅亡 → 高麗（こうらい）
藤原時平 醍醐天皇	901年 時平（左大臣）の策謀で道真が右大臣から大宰権帥（ごんのそつ）に左遷（昌泰の変）（しょうたい）
	延喜格式・延喜の荘園整理令、文化では『古今和歌集』『日本三代実録』
藤原忠平 朱雀天皇 （すざく）	承平・天慶の乱（じょうへい・てんぎょう）　※武士の台頭
	平将門の乱(939)＝関東の下総（しもうさ）の猿島（さしま）拠点、「新皇」（しんのう）を称し一時関東を制圧
	平貞盛・藤原秀郷（押領使）鎮圧（ひでさと）
	藤原純友の乱＝もと伊予掾（じょう）、日振島（ひぶりしま）を根拠地とし大宰府占領、源経基・小野好古（追捕使）鎮圧（よしふる）
	村上天皇は最後の皇朝十二銭乾元大宝（けんげん）鋳造
	醍醐・村上天皇が摂政関白を置かずに行った天皇親政を延喜天暦の治という
	→ しかしその政治を支えていたのは藤原氏、この後摂関政治は全盛期を迎える　律令再建かなわず
藤原実頼 （さねより）	969年 安和の変（あんな）、源満仲の密告により左大臣源高明（『西宮記』）（さいきゅうき）が大宰府左遷
	意義＝以後、摂関が常置

・菅原道真 漢詩『菅家文草』歴史『類聚国史』

　死後「天神」と恐れられたため御霊会（ごりょうえ）という鎮魂の祭礼が京都の神泉苑で行われる

　京都に北野天満宮（神社）建立、「太宰府天満宮」は墓所

　御霊信仰により京都にスサノオを祀る祇園社（→八坂神社）建立

・有力貴族と学問　紀伝道 → 菅原・大江　明経道 → 清原　医道 → 和気　算道 → 三善

・武士団　平安時代に入り国際的緊張が緩和され、朝廷に元来の死のケガレを忌避する信
　　　　　仰が復活し、軍隊を廃止
　　　　　関東では荘園の増大により土地を巡る対立が激化したが、国家が機能せず農民
　　　　　は自衛のために武装
　　　　　武士が令外官である押領使（おうりょうし）・追捕使（ついぶし）に任じられて地方の治安維持を行い
　　　　　力をつけていく
　　　　　一族である家子（いえのこ）、従者である郎党、その下っ端が所従・下人
　　　　　中央から赴任してきた天皇の血をひく源平の貴種を「棟梁」として仰ぐ

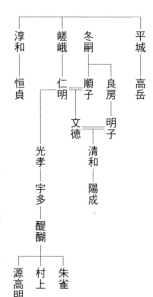

淳和━恒貞

嵯峨━仁明━文徳

冬嗣━順子
　　━良房━明子

平城━高岳

文徳━清和━陽成

光孝━宇多━醍醐

醍醐━村上・朱雀
　　　源高明

4 古代の農民と土地制度

農民は租・庸・調、雑徭、運脚、軍役の負担 → 生活苦、困窮

↓

負担逃れ　浮浪(庸調納める)・逃亡、勝手に僧侶になる私度僧(僧は免税)

　　　　偽籍＝女性は庸・調、雑徭、軍役免除だから男を女に偽る、あるいは年齢を偽る

↓

国家財政悪化、税の増収をはかって722年百万町歩の開墾計画　※食糧・道具の支給

　723年三世一身法(長屋王)　新たな灌漑施設で開墾 → 3代の保有を認める　旧来の灌漑施設利用 → 1代限定

　743年墾田永年私財法(橘諸兄)

　　　(天平十五年五月)乙丑、　詔　して曰く「聞くならく、墾田は養老七年の格(＝三世一身法)に依りて、限満

　　つる後、例に依りて収授す。是に由りて農夫怠倦して、開ける地復た荒る、と。今より以後、任に私財と為

　　し、三世一身を論ずること無く、咸　悉　くに永年取る莫れ…」

　　　ポイント 1.租を納めるべき輸租田　2.身分に応じて上限があり

　　　初期荘園(開墾を基に成立した墾田地系荘園)がうまれ、貴族や寺社に土地集中、公地公民制崩壊

↓

租が免除される不輸の権、国衙から派遣される検田使の立ち入りを禁じる不入の権が認められ寄進地系荘園出現

　ex肥後鹿子木荘(史料『東寺百合文書』)、紀伊桛田荘(神護寺、境界は牓示で示される)

　　┗━━▶ 開発領主、寿妙の子孫、高方が実政卿に寄進 → 実政卿は領家、高方は預所 → 実政の子孫、願西が

　　　　高陽院内親王に寄進 → 高陽院が本家に　※荘園の実質的な支配権を持つ者を本所という

↓

再び政府財政悪化、そこで直営田として大宰府に公営田(※嵯峨)、畿内に(元慶)官田設置、その他天皇の勅旨田、

諸官庁の諸司田、広大な荘園を有した皇族・貴族を院宮王臣家という

↓

荘園が爆発的に広がる　太政官や民部省から認められた荘園を官省符荘、国司から認められた荘園を国免荘

↓

荘園抑制のため、902年醍醐天皇が延喜の荘園整理令を出すが国司に任せたため効果なし　※最後の班田

914年三善清行が「意見封事十二箇条」で地方政治の混乱を報告

農民の把握・班田収授実施不可能、律令制崩壊、国家財政悪化

↓

10Cに入ると中央政界は藤原氏が独占。中小貴族は地方で財を
築こうと考えるものが増え、国司人気高まる。摂関家に寺社の
造営費などを提供し、その見返りとして国司の職を得る成功、
国司に再任されることを重任。国司に任命されても目代を代
わりに派遣する遙任。これに対して任国に赴任する国司の最上
級者を受領。彼らは成功の元を取ろうと考えたため強欲、988
年尾張の郡司や百姓から訴えられた藤原元命(「尾張国郡司百姓
等解」)、「受領は倒るるところに土をもつかめ」(『今昔物語集』)
で有名な藤原陳忠。国衙での実務は在庁官人が行い、耕作を請
け負った有力農民は田堵、大規模経営を行うものを大名田堵
(藤原明衡『新猿楽記』)とよんだ。

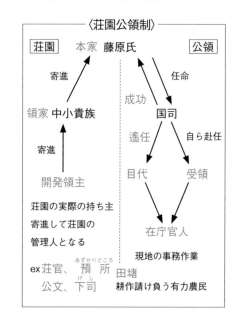

〈荘園公領制〉

荘園		公領
本家 藤原氏		

荘園　本家 藤原氏　公領

領家 中小貴族　　　国司

開発領主

荘園の実際の持ち主
寄進して荘園の
管理人となる

ex荘官、預所
公文、下司

在庁官人

現地の事務作業

田堵
耕作請け負う有力農民

寄進・成功・任命・遙任・自ら赴任・目代・受領

5 道長・頼通の時代 ※平安中期、国風文化

　10C後半から11Cころの政治を摂関政治とよぶ。藤原氏の中で最も力を持つ者が「氏(の)長者」として摂政関白につき、一族を統率して絶大な権力をにぎった。藤原氏の内部では摂政関白の地位をめぐって藤原兼通・兼家の兄弟の争い、藤原道長・伊周の叔父・甥の争いが続いたが、10世紀末の藤原道長の時におさまった。後一条・後朱雀・後冷泉3代の天皇は道長の外孫となり、「この世をば我が世とぞ思ふ望月のかけたることも無しと思へば」(藤原実資『小右記』、威子立后の時)という和歌を残すほど権勢をふるった。その子頼通も「宇治関白」とよばれて50年にわたって摂政関白をつとめるなど、藤原氏の勢力は安定していた。先例や儀式が重視され、貴族の関心は専ら年中行事で、地方政治はほとんど顧みられず、乱れに乱れた。

・当時の結婚形態は妻問婚で、生まれた子は母方の家で養育された。藤原氏は娘を天皇に嫁がせ、生まれた子を天皇にすることで天皇の母方の祖父である外戚として、天皇の権威を利用し人事権を握る

・太政官での公卿の会議で審議、天皇の決裁を経て布告・伝達される　重要事項は内裏で行われる陣定という会議で審議、人事発表は除目、10世紀半ば以降だされた特別立法は新制

・女官　一条定子－清少納言　一条彰子－紫式部
　　　　※天皇の寵愛を受けるために娘に教養を身に付けさせる必要があり、優秀な付き人が求められた

・藤原道長の日記『御堂関白記』　※直筆では世界最古、「世界の記憶」に登録、でも「関白」にはなってない

・平安貴族の住宅の建築様式は寝殿造(道長邸東三条殿)

・平安時代には中国からはいってきた陰陽道(陰陽五行説)が流行、安倍晴明が有名、専用の暦は具注暦(中務省)
　外出の際、縁起の悪い方向を避けることを方違、物怪にとりつかれた時、一定期間特定の場所にこもることを物忌

・男子貴族の正装は束帯、成人の儀式は元服、女子貴族の正装は十二単(=女房装束)、成人の儀式は裳着
　貴族の普段着は直衣・狩衣、武士や庶民の普段着は水干

・満州の女真族が九州北部を襲撃する刀伊の入寇(1019)を大宰権帥藤原隆家が鎮圧

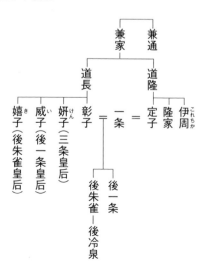

1 院政　※平安後期、院政文化

　藤原頼通の娘には皇子が生まれず、ついに摂関家を外戚としない後三条天皇が即位。個性の強かった天皇は学者大江匡房(『江記』『江家次第』)を重用し、1069年に延久の荘園整理令(史料『愚管抄』)を実施、中央に記録所(記録荘園券契所)を設け、受領の支持のもと基準にあわない藤原氏の荘園を容赦なく没収した。この治世に宣旨枡もつくられる。

　1086年白河天皇は幼少の堀河天皇に譲位、上皇(=院)となり父(系)として天皇を後見する。天皇の父(祖父)という権威をもって人事権を握ることで受領の支持を得、政治の実権を握る院政をはじめた。院政を行う上皇を「治天の君」とよび、白河・鳥羽・後白河と比較的長命で政治的キャリアを積んだ政治力のある上皇が続く。院の命令を院宣、院庁の命令を院庁下文、院の側近を院近臣(官位は高くないが有能)という。上皇は仏教をあつく信奉、出家して法皇となり、六勝寺など多くの大寺院を建立(※白河が京都の東山に建立した寺院は法勝寺、堀河は尊勝寺)、熊野詣という紀伊熊野への参詣を盛んに行う。経済基盤は鳥羽の八条(女)院領(娘、暲子)、後白河の長講堂領といった荘園、院が身内や院近臣に一国の支配権を与えそこからの収益を院に納めさせる知行国制、そして院の知行国である院分国。

・「(白河法皇は)後三条院崩後、天下の政をとること五十七年、意に任せ、法に拘らず、除目・叙位を行ひ給ふ。古今未だあらず。…威四海に満ち天下帰服す、幼主三代の政をとり、斎王六人の親となる」(藤原宗忠『中右記』)
　土地問題、寺院の強訴、公家の権力闘争等を従来の法(律令)による解決ではなく、実力による解決をはかる時代に突入
　摂関政治はあくまで太政官での合議を基本としたが、院政は上皇が専制的な政治を行い、自らの権力維持・強化のため源平の武士重用、これにより武士も中央政界に進出
・院御所は京都南郊の鳥羽殿などに置かれる、院政は上皇が新天皇を後見することで権力の安定的な継承がはかれる反面、権力の二元化によって政治的に不安定になることもある
・上皇が仏教に深い信仰を寄せることで仏教勢力が力を増し、南都興福寺(※藤原氏の氏寺、氏神の春日神社の神木)・北嶺延暦寺(日吉神社の神輿)の大寺院の僧兵(史料『天狗草子』、「山法師」)が入京し、朝廷に強訴を行う。白河はこれに備えて北面の武士を組織
・平安後期荘園の増加によって律令制(公地公民)が崩壊、それによって地方制度が変化
　1. 国司の役割　地方行政一般 → 徴税請負

　　　　　　※国司(受領)が積極的に徴税に関与しはじめ、郡司は国司に従属していく

　2. 租税の対象　人 → 土地　※この土地を名(名田)という　負名体制

　3. 租税の名称の変化　荘園 租 → 年貢　庸調 → 公事　雑徭 → 夫役
　　　　　　　　　　　　公領 租庸調 → 官物　雑徭 → 臨時雑役
　4. 地方の行政単位　国、郡、里 → 国、郡・郷・保

・東北情勢　平忠常の乱 = 1028年上総で起こる、源頼信が鎮圧し源氏の東国進出のきっかけとなる
　　　　　　　　　↓
　　　　　前九年の役 = 1051年出羽の清原氏が源頼義の支援を得て陸奥の安倍氏を滅ぼす『陸奥話記』
　　　　　　　　　↓
　　　　　後三年の役 = 83年清原の内部抗争、源義家の支援を得た清原(藤原)清衡が奥州平定『後三年合戦絵巻』
　　　　　　　　奥州藤原氏～清衡・基衡・秀衡(柳之御所)と3代にわたって岩手の平泉を中心に繁栄
　　　　　　　　経済基盤は金・馬　源氏は東国武士団との結びつきを強めた

② 平氏政権

　桓武平氏の中で伊勢を基盤とする平正盛は出雲で反乱をおこした源義親を討った。その子の忠盛は瀬戸内海の海賊平定などで鳥羽院の信任を得た。1156年鳥羽院の後継を争った保元の乱、1159年源平の覇権争いである平治の乱を経て、白河院の子ともいわれる平清盛(「六波羅殿」)が破格の出世を遂げる。さらに後白河法皇のために蓮華王院(本堂は三十三間堂)を造営したりして奉仕し、1167年には武士初の太政大臣に就任、一族もみな高位高官にのぼり、平氏政権が誕生。清盛は娘平徳子(建礼門院)を高倉天皇の中宮に入れ、その子の安徳天皇が2歳で即位すると天皇の外戚として「平氏にあらざれば人にあらず」(『平家物語』、平時忠)といわれるほどの権勢をふるった。清盛は武士団の一部を地頭に任命して主従関係を結んだが、武士でありながら貴族的な性格が強かったことが、平氏政権滅亡の一つの原因と考えられる。源頼朝はこれを踏まえ、京都から遠く離れた鎌倉に幕府を開いた。

　経済基盤としては、500以上の荘園、全国の半分にのぼる知行国、日宋貿易。清盛は摂津の港大輪田泊を修築し、宋銭や陶磁器(中国の産地は景徳鎮)などの唐物を輸入、金や刀剣を輸出。さらに安芸(広島)に港、音戸の瀬戸を開き、瀬戸内海航路の安全をはかるため、厳島神社を建て豪華絢爛な平家納経を納めた。

保元の乱			平治の乱		
勝　⑭後白河天皇		負　⑪崇徳上皇 ※讃岐配流	勝　平清盛		負　源義朝
清盛	平|氏	忠正	藤原通憲(信西)	院近臣	藤原信頼
義朝	源|氏	為義・為朝			頼朝は伊豆流罪
⑪藤原忠通	摂関家	⑭藤原頼長			義経は京の鞍馬寺へ

意義＝朝廷内の争いも武士の武力によって解決されるようになり、公家の世から武家の世への転換点となった
　　　※慈円「武者の世」

・宋とは政治的つながりはなかったが(朝貢はしていない、非公式)、経済的・文化的交流は盛んに行われた
　　　筑前の港、博多(那の津)が栄える　　入宋した人物 → 奝然(清涼寺)、成尋(宋で客死)

③ 源平系図

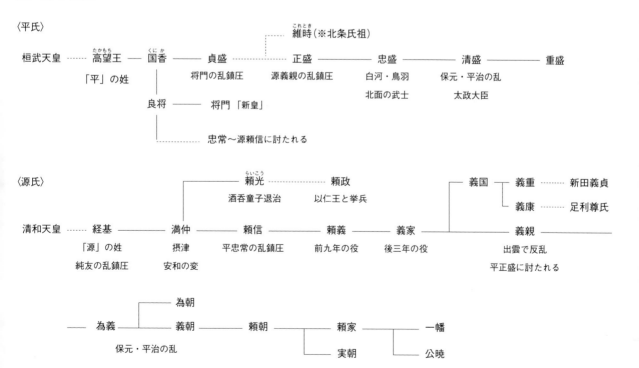

〈平氏〉

桓武天皇 ……… 高望王 ── 国香 ──── 貞盛 ──── 正盛 ──── 忠盛 ──── 清盛 ──── 重盛
　　　　　　　「平」の姓　　　　将門の乱鎮圧　　源義親の乱鎮圧　　白河・鳥羽　　保元・平治の乱
　　　　　　　　　　　　┌─── 維時(※北条氏祖)　　　　　　　　北面の武士　　太政大臣
　　　　　　　　　　良将 ──── 将門「新皇」
　　　　　　　　　　└─── 忠常～源頼信に討たれる

〈源氏〉

　　　　　　　　　　　　　　　┌─ 頼光 ……… 頼政　　　　　　　┌ 義国 ┬ 義重 ……… 新田義貞
　　　　　　　　　　　　　　　│　酒呑童子退治　以仁王と挙兵　　│　　　└ 義康 ……… 足利尊氏
清和天皇 ……… 経基 ──── 満仲 ┴ 頼信 ──── 頼義 ──── 義家 ─┴──── 義親
　　　　　　　「源」の姓　　摂津　　平忠常の乱鎮圧　前九年の役　後三年の役　　出雲で反乱
　　　　　　　純友の乱鎮圧　安和の変　　　　　　　　　　　　　　　　　　　平正盛に討たれる

　　　　　　　　　　　┌── 為朝
　　　　　　　為義 ──┼── 義朝 ──── 頼朝 ┬── 頼家 ┬── 一幡
　　　　　　　　　　保元・平治の乱　　　　　├── 実朝　└── 公暁

4 古代文化史

古墳時代 大陸から渡来人 ex阿知使主 → ㉄東漢氏　王仁 → ㉄西文氏、論語・千字文(漢字)を伝える

　　　　　　　　　　弓月君 → ㉄秦氏、機織りを伝える

　　天皇の系統『帝紀』、朝廷の伝承『旧辞』

飛鳥時代〈飛鳥文化〉 聖徳太子

　　飛鳥寺(法興寺)=蘇我氏の氏寺(平城京に移り元興寺)、礎石・瓦

　　　　　　　　※豪族の権威を表すものが古墳から氏寺へ

　　法隆寺(斑鳩寺)=若草伽藍跡の発掘で再建説が有力に(670年焼失)

　　　　　　　金堂釈迦三尊像=鞍作鳥作、銅像、中国北魏の影響を受ける

　　　　　　　工芸品玉虫厨子

　　中宮寺天寿国繡帳=聖徳太子の死を悼んで妻の橘大郎女がつくった刺繍

　　広隆寺=秦氏の氏寺、半跏思惟像(弥勒菩薩)

　　三経義疏=法華経(太子直筆?)・維摩経・勝鬘経の経典の注釈書

　　高句麗の曇徴が紙・墨などを、百済の観勒が暦を伝える

　　聖徳太子と蘇我馬子が『天皇記』『国記』編纂　※蘇我滅亡とともに消滅

　　伽藍配置=寺の中心が仏舎利をおさめる塔から仏像を安置する金堂へかわった

〈白鳳文化〉 天智・天武　※「白鳳」という元号はない、白村江の戦い後も新羅経由で唐の文化伝来

　　興福寺仏頭=蘇我倉山田石川麻呂の建立した山田寺の仏像の頭部

　　薬師寺=天武が妻、持統のために建立、東塔(裳階)は現存　大官大寺(←百済大寺)

　　絵画　装飾古墳　高松塚古墳壁画、キトラ古墳(四神、天文)

　　　　法隆寺金堂壁画(インドのアジャンター)

　　女流歌人、額田王～天智、天武に愛される

　　法隆寺阿弥陀三尊像=橘三千代

奈良時代〈天平文化〉

　　国史編纂

　　『古事記』=712、天武が稗田阿礼に読ませて、太安麻呂が筆録、万葉仮名　神武～推古

　　『風土記』=713着手、諸国の地誌、現存は播磨・豊後・常陸・肥前、出雲は完全体

　　『日本書紀』=720、舎人親王中心に編纂、中国にならい時代順の編年体の漢文で書かれる　神武～持統
　　　　六国史、2『続日本紀』(～桓武)、3『日本後紀』(桓武～淳和)、4『続日本後紀』(仁明)
　　　　5『日本文徳天皇実録』、6『日本三代実録』(清和・陽成・光孝)

　　『懐風藻』=漢詩人淡海三船～鑑真をあつかう『唐大和上東征伝』、元正天皇までの漢風諡号(天皇名)撰定
　　　　　石上宅嗣～最古の図書館芸亭設立

　　『万葉集』=最古の歌集、万葉仮名(※漢字で日本語を表す)で書かれる、山上憶良(遣唐使)の『貧窮問答歌』
　　　　　(「五十戸良」)収録、柿本人麻呂(歌聖)、大伴家持の歌最多

| 国家仏教 | ※仏教の力で国の安泰をはかる鎮護国家思想 |

南都六宗＝三論・成実・法相・倶舎・華厳(大仏)・律　※研究専門、民間布教はしない、僧の法律僧尼令

南都七大寺＝薬師寺・東大寺・大安寺(←大官大寺)・元興寺(←法興寺)・西大寺・興福寺・法隆寺

本朝三戒壇 1東大寺 2筑紫観世音寺 3下野薬師寺　護国三部経＝法華経・金光明最勝王経・仁王経

僧侶　行基～法相宗、社会事業、布施屋(宿泊施設)、民間布教行い一時流罪、大仏造立に尽力、大僧正

　　　良弁～華厳宗、東大寺初代別当

　　　鑑真～唐から戒律を伝える、唐招提寺建立　※講堂は平城宮遺構

仏像　塑像＝粘土 ex東大寺戒壇院四天王像、日光・月光菩薩

　　　乾漆像＝漆 ex興福寺阿修羅像、鑑真像、東大寺法華堂(三月堂)不空羂索観音像

その他　聖武の宝物庫正倉院、校倉造で保存性抜群　螺鈿紫檀五弦琵琶

　　絵画　薬師寺吉祥天像　正倉院鳥毛立女屏風　過去現在絵因果経＝釈迦の一生と前世を描く

　　光明皇后設立　孤児院悲田院　病院施薬院

　　百万塔陀羅尼＝称徳女帝作、法隆寺に現存する世界最古の印刷物

　　法隆寺夢殿＝8角形、救世観音

平安前期〈弘仁貞観文化〉桓武・嵯峨

　　平安新仏教　密教＝加持祈禱により現世利益を求める手段とされ、天皇や貴族の間で主流となる　※大日如来

・空海(弘法大師)の真言宗「東密」　紀伊の高野山に金剛峰寺

　　唐で密教をきわめる、密教世界を曼荼羅で表す、嵯峨天皇から教王護国寺(東寺)を賜る

　　書道 三筆＝空海・嵯峨天皇・橘逸勢(遣唐使)※書体唐風　庶民の教育施設綜芸種智院

　　漢詩『性霊集』、最澄への手紙『風信帖』

　　漢詩評論『文鏡秘府論』、道教・儒教＜仏教『三教指帰』

　　四国八十八カ所巡り

・最澄(伝教大師)の天台宗「台密」

　　　近江の比叡山に延暦寺、大乗戒壇設立に対する南都からの批判に『顕戒論』で反論

　　　教育論『山家学生式』、密教が不完全のため弟子が入唐

　　円仁(慈覚大師)　　山門派　延暦寺『入唐求法巡礼行記』
　　円珍(智証大師)　　寺門派　園城寺(三井寺)　黄不動

　　平安新仏教は道鏡問題から都を離れ山へ

　　　　密教と日本固有の山岳信仰(神道起源)が結びつき修験道うまれる(山伏、役小角)
　　　　室生寺「女人高野」伽藍配置＝山中のため自由

　　　　神と仏をミックスする神仏習合広まる
　　　　　　　　　　　　　ex 神前読経・(薬師寺)僧形八幡神像・神宮寺
　　　　仏像は一木造が主流 ex 観心寺如意輪観音像　※密教系
　　　　　　　　　　　元興寺薬師如来像＝翻波式で衣のひだきれい
　　　　最古の仏教説話集　景戒『日本霊異記』

　　漢詩で国を繁栄させる文章経国の思想強まる

　　　　勅撰漢詩集『凌雲集』　→　『文華秀麗集』　→　『経国集』

　　　　有力貴族は大学別曹を設け一族の子弟を教育

　　　　　　ex 在原－奨学院　橘－学館院　藤原－勧学院　和気－弘文院

平安中期〈国風文化〉藤原摂関

　　背景＝遣唐使の中止により、これまでの中国の影響を受けた文化が日本の風土にあうようにアレンジされていく

　　かな文字　漢字の草書体を簡略化した平がな、漢字の一部分を用いた片かな

　　　　　　※基本的に公文書・男は漢字、和歌や日記・女はかな(日本人特有の感情・感覚をいきいきと伝えられるよ
　　　　　　　うになった)

　　　　　　醍醐天皇の命で紀貫之(『土佐日記』)が『古今和歌集』を編纂
　　　　　　藤原道綱の母『蜻蛉日記』　　菅原孝標の女『更級日記』、
　　　　　　『宇津保物語』　『落窪物語』継子いじめ　　『和泉式部日記』情熱的恋愛
　　　　　　書道三跡(蹟)＝小野道風・藤原佐理(『離洛帖』)・藤原行成(白居易の詩集『白氏文集』を書写した
　　　　　　　　　　　　『白氏詩巻』、日記『権記』)、書体和風
　　　　　　藤原公任の『和漢朗詠集』『北山抄』　　源順の漢和辞書『和名類聚抄』

戦乱や飢饉、疫病などの社会不安が 末法思想 (正法→像法→末法1052)と重なる

→ 来世での極楽往生を願う浄土教が流行

僧侶　空也～「市 聖」、民間布教を行う、六波羅蜜寺　　慶滋 保胤～伝記『日本往生極楽記』、日記『池亭記』

　　　源信(恵心僧都)～『往生要集』、念仏による極楽往生の方法　　　聖＝寺院に属さない民間布教者

寺院　藤原道長の法 成 寺　奈良吉野の金峯山に経を納めたときに用いた経筒は現存最古

　　　藤原頼通の平等院鳳凰堂(宇治) → 本尊阿弥陀如来像は仏師 定 朝 の寄木造　※仏像の大量需要にこたえる

　　　法界寺阿弥陀堂

　　　貴族は極楽をイメージするため来迎図をつくらせる

神は仏の仮の姿である → 本地垂 迹 説 ※仏＞神、ご利益があるのは仏様

大和絵　巨勢金岡

工芸　金箔を漆で貼る蒔絵、貝を使う螺鈿

平安後期〈院政文化〉これまでの貴族文化に台頭してきた武士や庶民の文化、地方の文化が取り入れられる

・絵巻コレクター後白河法皇

　「源氏物語絵巻」人物描写は画一的な引目鉤鼻　　　　　「伴大納言絵巻」応天門の変

　「信貴山縁起絵巻」平氏に焼かれる前の東大寺、僧 命蓮の超能力　「鳥 獣 戯画」ウサギやカエル、鳥羽僧正覚猷

　扇面古写 経

・浄土教の地方への普及

　奥州藤原氏中尊寺金色堂、藤原基衡の毛越寺　秀衡の無量光院

　大分富貴寺大堂　福島白水阿弥陀堂　鳥取 断崖の三仏寺投入堂

・文学　『梁 塵秘 抄』後白河法皇が庶民の歌謡今様をあつめた　　　『今昔 物語集』庶民の説話集

　　　　歴史物語『栄花(華)物語』藤原賛美、赤染衛門

　　　　　　　　『大鏡』藤原批判、道長一代の紀伝体　「四鏡」 2『今鏡』 3『水鏡』 4『増鏡』

中　世

① 源平の争乱（治承寿永の乱）

1177	平氏打倒の鹿ヶ谷の陰謀が発覚し、僧俊寛、院近臣藤原成親が処罰される
1179	清盛が後白河法皇を幽閉
1180	安徳天皇即位　後白河法皇の息子以仁王が平家打倒をよびかける令旨を発し、源頼政とともに挙兵 → 鎮圧される 清盛は福原（神戸）へ遷都（半年後京都に戻る） 源頼朝挙兵 → 石橋山の戦いに敗れるも立て直し、鎌倉（相模 港－六浦津）入り 富士川の戦いに勝ち、御家人の統率機関侍所設置　　平重衡が東大寺焼打ち
1181	清盛の死、養和の飢饉で平氏のホーム西国が大凶作、源氏のホーム東国は被害なし
1183	源義仲が倶利伽羅峠の戦いで平氏を破り入京、平氏の都落ち → 義仲軍、都で乱暴狼藉 後白河法皇は頼朝に東国支配権（寿永二年十月宣旨）を与えるのと引き替えに、義仲追討を命じる
1185	義仲を討った源義経・範頼は一の谷（摂津84）、屋島（讃岐）の戦いに勝利 → 壇の浦（長門）で平氏を滅ぼす 頼朝の強大化を恐れた後白河法皇は義経に頼朝追討の命令を出す → 頼朝は軍勢を京都に送って法皇に迫り 逃亡した義経を捕えるため全国に守護（←惣追捕使）・地頭を設置する権限を得る
1189	頼朝は義経をかくまった罪で奥州の藤原泰衡を滅ぼし、奥州総奉行設置

② 鎌倉政治史

源頼朝（※「二品」従二位、「鎌倉殿」）　妻北条政子（「尼将軍」）
・1190年右近衛大将に就く（「右大将」、在京の職だったため、鎌倉に戻るために即辞退）
　　92年後白河法皇の死後、征夷大将軍に就く

・幕府の機構を整備　侍所別当─和田義盛、問注所執事─公家三善康信、公文所（→政所）別当─公家大江広元
　御恩＝土地の所有権を認める本領安堵、新たな所領を与える新恩給与
　奉公＝平時は京都大番役・鎌倉番役、戦時は「いざ鎌倉」
　　※「一所懸命」、土地を介して主従関係が結ばれることを封建制度という

　幕府の経済基盤 平家没官領を含む荘園関東御領、関東知行国（関東御分国）　　　守護が在庁官人に土地台帳
　守護の任務＝大犯三ヵ条といい大番（＝京都大番役）催促と謀反人・殺害人の逮捕　　大田文の作成を命じる

　御家人の直営地は佃・門田、館の周りに防衛のため堀や塀をめぐらす

②源頼家 ①執権 北条時政	・時政に伊豆修禅寺に幽閉され最後は謀殺 → 幕府は将軍独裁から13人の御家人による合議制へ ・他氏排斥　梶原景時 → 比企能員（頼家の外戚、遺児一幡も殺される） 　　　　　 → 畠山重忠（時政は実朝を廃して後妻の娘婿平賀朝雅を将軍に立てようとして失敗、引退）
③源実朝 ②北条義時 「得（徳）宗」	・義時は和田義盛を討ち、政所と侍所の長官を兼任 ・実朝が鶴岡八幡宮で頼家の遺児、源公暁から暗殺され、その公暁も殺される 　源氏に代わり、藤原頼経を将軍に立てる「藤原（摂家）将軍」 ・1221年承久の乱で後鳥羽上皇と対立、上皇は西面の武士を組織して義時追討の兵をあげるが敗れ、隠岐配流　　3上皇配流　土御門上皇 → 土佐　　順徳上皇 → 佐渡　　仲恭天皇㊟ → 後堀河天皇即位 　幕府は京都に朝廷監視と西国を統轄する六波羅探題を設置、皇位継承にも干渉するなど政治の主導権を握る 　※院政は江戸時代まで続く 　　御家人 本補地頭 → 新補地頭（給与の率は新補率法）　兵粮米 → 加徴米（1段あたり5升）

③北条泰時	・執権の補佐役である連署(※初代、北条時房)をおき、合議機関として評定衆をおく ・承久の乱後、御家人が西国に進出 → 荘園領主との間で土地問題が続発 → 公平な裁判基準が必要に 　→ 1232年最初の武家の成文法で頼朝以来の先例や道理とよばれた武士社会の慣習をまとめた 　貞永(御成敗)式目制定(51条)、その後必要に応じてプラスされていったものは式目追加 　1.御家人にのみ適用、公家には公家法、荘園関係には本所法が存在した 　2.室町幕府でも基本法　　　　　※泰時は京都の弟、北条重時に式目についての手紙を送る
⑤北条時頼	・反北条勢力と結びついた藤原頼経を京都に送り返し、子の頼嗣に代わり後嵯峨の子宗尊親王を将軍に 　立てる「皇族(親王)将軍」宝治合戦で頼経と共謀をはかった三浦泰村を滅ぼす ・裁判の迅速化・効率化をはかるために引付衆をおく 　後嵯峨の死後、皇統が後深草天皇の持明院統(長講堂領)と亀山天皇の大覚寺統(八条院領)に分裂 　後に文保の和談(1317)で双方が交互に皇位につくとする両統迭立を決定 　藤原氏も分裂 五摂家 → 一条・二条・九条・近衛・鷹司　朝廷に院評定衆が設置される ・南宋から臨済宗の禅僧蘭溪道隆を招き、建長寺建立

⑧北条時宗　・チンギス＝ハンがユーラシア大陸東西にまたがるモンゴル帝国を建国、遼を滅ぼした金を滅ぼす

元寇　元(都は大都)皇帝フビライが朝鮮の高麗を服従させ(三別抄の乱で抵抗)さらに日本に朝貢を求める → 時宗拒否
↓
文永の役(1274)＝⑭一騎打ちVS元集団戦、てつはう　鎌倉武士が撃退
↓
御家人に命じた異国警固番役強化、博多湾沿岸に石塁(石築地)構築　元が南宋を征服
南宋から禅僧無学祖元来日、円覚寺建立
↓
弘安の役(81)＝高麗からの東路軍(港は合浦)に加え南宋からの江南軍　再び鎌倉武士が撃退　※長崎鷹島沖に元の沈没船
↓
北条一門を鎮西探題(博多)に任じ、御家人以外の全国の荘園・公領(本所一円地)
の武士動員の権限を朝廷から得て幕府の支配権が全国的に強化
肥後の御家人竹崎季長はこの時の武功で所領を得た(安達泰盛に謁見)
ことに感謝し『蒙古襲来絵巻(絵詞)』を描かせる
福岡の筥崎宮に戦勝祈願として亀山上皇の「敵国降伏」の書が残る

⑨北条貞時	・霜月騒動で御家人安達泰盛が内管領平頼綱に滅ぼされ、後に平頼綱は貞時に滅ぼされる ・得宗専制政治(北条の家督を継ぐ得宗の権力絶対化)、得宗の家来を御内人、その筆頭を内管領 ・元寇の恩賞不足や分割相続による所領細分化などで御家人窮乏 　↓　　　　　　　　　　　　女性は本人一代限りで死後は惣領に返す相続一期分が行われる 　永仁の徳政令(1297)＝今後土地の質入れ・売却禁止 　　　　　　土地を売った相手が非御家人(「凡下の輩」) → 全て無償返還 　　　　　　土地を売った相手が御家人 → 20年経過した場合は返還不要 　効果は限定的、翌年解禁、元寇で動員された非御家人は救済されず、幕府に対する不満を募らせていく 　御家人も北条独裁に対する不満を強める　　　・元から禅僧一山一寧来日

⑭北条高時(最後の得宗)　実権は内管領の長崎高資
・貿易船建長寺船を元に派遣　※日元関係は日宋関係同様、政治的つながりはないが経済的・文化的交流は盛ん

③ 鎌倉新仏教　※南都六宗や天台・真言の腐敗を批判　念仏・題目・禅などから一つ選び易しい修行での救いを説く
　　　　　　　　武士や庶民など広い階層から支持

浄土宗	法然	・念仏「南無阿弥陀仏」さえ唱えれば極楽にいける　※専修念仏 ・『選択本願念仏集』＝九条兼実の求めに応じて執筆、南都からの非難が強まり四国配流 ・知恩院(京都)
浄土真宗 (一向宗)	親鸞	・法然の弟子、連座して越後配流、自力ではなく他力本願こそが阿弥陀の心にかなう、 　つまり悪人こそが救われるという悪人正機説を唱える 「善人なをもちて往生をとぐ、いはんや悪人をや」(弟子唯円の『歎異抄』) ・『教行信証』　　　　　　　・本願寺(京都)
時宗	一遍 「遊行上人」	・踊念仏　※善悪、信心の有無関係無く救われる ・死の直前一切の著作を焼き捨てた、信徒を時衆とよぶ ・『一遍上人絵伝』＝備前国福岡の市の様子、円伊 ・清浄光寺(神奈川)
日蓮宗 (法華宗)	日蓮	・題目「南無妙法蓮華経」 ・排他的で攻撃的　『立正安国論』を北条時頼に提出、国難到来(元寇)を予言 ・現世利益を説き、京都の商工業者の間に広がる　　　・久遠寺(山梨)
臨済宗	栄西 入宋	・心身の鍛練を重んじたため、武士の気風に合い幕府との結びつきを強める ・師からだされる問題を公案　　・『興禅護国論』、茶を源実朝に献上『喫茶養生記』 ・建仁寺(京都)
曹洞宗	道元 入宋	・栄西とは異なり、政治を嫌って山にこもり、ひたすら坐禅に励む只管打坐 ・『正法眼蔵』　　　　　・永平寺(福井)

旧仏教　南都系　華厳宗　明恵(高弁)～京都栂尾の高山寺再興、『摧邪輪』で法然と論争する
　　　　　　　　法相宗　貞慶(解脱)～法然を批判
　　　　　　　　律宗　叡尊～大和の西大寺復興　　　忍性～大和に医療施設北山十八間戸を設立、鎌倉に極楽寺
　　　　平安新仏教系　俊芿～皇室の菩提寺、真言系の泉涌寺再興

4 鎌倉の社会

　鎌倉時代の武士は戦いが仕事であるため、日頃から笠懸(馬上、的)・流鏑馬(馬上、3つの的)・犬追物といった騎射三物(史料『男衾三郎絵巻』)や巻狩などの訓練を行い身体を鍛えた。武士団は血縁的つながりのもとに、一族の長である惣領の命令に従った。承久の乱後、地頭の支配権が拡大され、地頭に土地の管理を全て任せる地頭請(「泣く子と地頭には勝てぬ」)や地頭と荘園領主との間で相互に支配権を認め合う下地中分〔幕府の強制、執権と連署の花押(サイン)、話し合いによるものを和与中分という、伯耆国東郷荘〕が行われた。地頭の暴政としては紀伊の阿氐河荘の例が有名。

　農業の発展も見られ、畿内などでは麦を裏作とする二毛作が普及、耕作についても牛馬耕が出現し、牛によって犂がひかれた(「大山寺縁起絵巻」「松崎天神縁起絵巻」)。中国から天候不順に強い大唐米が伝わり、刈敷や草木灰といった肥料の使用、灯油の原料荏胡麻の栽培。このほか、農村では庶民の芸能として田楽が流行。商業では月に三度の定期市三斎市や常設の小売店見世棚が出現、同業者団体である座の結成、商品の販売・運送を行う問丸が活躍し、貨幣は宋銭を主に使用。遠隔地間の取引には為替(手形は割符)が使われ、高利貸し業者の借上(『山王霊験記絵巻』)出現。

　　・阿氐河荘の内容　百姓が「地頭の湯浅氏に人夫として酷使され〔チトウノキヤウシヤウ(京上)〕、残った者も麦まきを強制
　　　　　　　　　　　され脅される、だから材木を納めることができない」と領家(寂楽寺)へ訴えた　史料『高野山文書』

　　・鎌倉時代の女性の地位は比較的高く、地頭に任命されたり財産を相続したりした、結婚形態は嫁入婚
　　　悔返し=子に譲った土地の権利を取り消す、武家独自
　　・武士の日常生活の中からうまれた道徳　武家のならい・兵の道・弓馬の道
　　・民間金融　頼母子、無尽(営利性あり)

5 鎌倉文化

　◇文学・思想
　・『愚管抄』=㊕慈円、天台座主、歴史の必然である道理、後鳥羽の挙兵を諫める、末法思想、新古今の歌人
　　『玉葉』=㊎九条(藤原)兼実、源頼朝と親交があり幕府と朝廷の仲介を行う議奏をつとめた

　　　　系譜　忠実 ─ 忠通 ┬ 兼実 ─ 良経 ─ 道家 ─ 頼経 ─ 頼嗣　　　　関東申次=幕府との交渉、西園寺家
　　　　　　　　　　　└ 頼長 └ 慈円

　・幕府側の歴史書『吾妻鏡』※頼政挙兵〜宗尊親王　　　　　・図書館　北条実時が創建した金沢文庫

　・歌集　勅撰和歌集『新古今和歌集』=後鳥羽上皇の命で藤原定家(『明月記』)編纂
　　　　　源実朝『金槐和歌集』　　西行(佐藤義清)『山家集』、もと北面の武士

　・随筆　鴨長明『方丈記』、源平合戦期成立　　　　兼好法師『徒然草』、1331年成立

　・『平家物語』=琵琶法師によって平曲として語られ文字の読めない人びとにも広く親しまれる、信濃前司行長?

・紀行文　阿仏尼『十六夜日記』～所領問題の訴訟のため鎌倉へ　※次第に公家の訴訟も幕府があつかうようになる

　　　　　源親行『東関紀行』『海道記』

・仏教説話　無住『沙石集』　橘成季『古今著聞集』『宇治拾遺物語』『十訓抄』

・日本仏教史　虎関師錬『元亨釈書』

・有職故実＝朝廷の儀礼研究 ex 順徳天皇『禁秘抄』　仙覚『万葉集註釈』　卜部兼方『釈日本紀』

・伊勢神宮の神官度会家行が伊勢神道を唱える『類聚神祇本源』　その他真言系の両部神道、天台系の山王神道

・南宋から朱熹のうち立てた朱子学が伝わる、なかでも君臣の分をはっきりさせるという大義名分論は、後醍醐天皇の
　討幕運動の理論的よりどころとなる

◇建築・芸術

・建築　東大寺再建 僧 重源(入宋)が全国を回り資金を募る(「勧進」)、宋人陳和卿が建造

　　　　　　※しかし戦国時代に南大門以外焼失

　　　　宋から入った　⎰大仏様 ex 東大寺南大門＝運慶(「無著像」)・快慶の「金剛力士像」(寄木造)阿吽の呼吸
　　　　新しい建築様式　⎱禅宗様 ex 円覚寺舎利殿　　折衷様

・絵画　似絵　藤原隆信「源頼朝像」　㋑藤原信実「後鳥羽上皇像」　※個性的で写実的に

　　　　　「北野天神縁起絵巻」菅原道真描く
　　　　　高階隆兼「春日権現験記」「石山寺縁起絵巻」

　　　僧の師の肖像画頂相を拝む風習も宋から伝わる

・陶器　加藤景正が宋の影響を受けた瀬戸焼(尾張)をはじめる　備前焼(岡山)　常滑焼(愛知)

・書道　尊円入道親王が和風に宋風を加えた青蓮院流を創始　『鷹巣帖』

・武具　刀工＝京都粟田口吉光、鎌倉岡崎正宗、備前長船長光　　甲冑＝明珍

① 室町政治史

後醍醐天皇(大覚寺統)

・幕府への不満がたまり、畿内では非御家人の新興武士悪党が暗躍

1324年討幕を試みるも(正中の変)失敗、さらに31年元弘の変も失敗し、隠岐に配流

→ 幕府は光厳天皇(持明院統)擁立 → 討幕機運が高まり河内で楠木正成挙兵、1333年足利尊氏が京都の六波羅探題を、

新田義貞が鎌倉を攻め落とし北条高時以下自刃、鎌倉幕府滅亡　光厳廢 → 後醍醐が再び即位

〈建武の新政〉幕府・院政・摂関廃止、醍醐・村上天皇の延喜天暦の治を理想

中央に記録所、所領問題をあつかう雑訴決断所、鎌倉に鎌倉将軍府、東北に陸奥将軍府、都の治安維持に武者所(新田義貞)

これまでの武士の慣習を全て無視、土地所有権の証明には天皇の出す綸旨(天皇の意思を太政官を経ず蔵人がだす文書)

が必要となり多くの武士の不満と抵抗をうむ(播磨の赤松円心)、慣例を無視して天皇への権力集中をはかったため公家も

不満をもつ「朕の新儀は未来の先例」国司と守護並存

→ 「此比都ニハヤル物。夜討、強盗、謀綸旨」で有名な『二条河原落書』(史料『建武年間記』)は新政による混乱を風刺

3兄弟 護良親王が征夷大将軍、懐良親王は征西将軍として九州へ、義良親王(→後村上天皇)は東北へ

バサラ(婆娑羅)大名＝伝統的権威や旧来の秩序を否定し、実力により新秩序確立を試みる　ex佐々木道誉

①足利尊氏　②足利義詮

1335年北条時行が一時鎌倉占拠(中先代の乱)、これを契機に後醍醐に反旗を翻すも楠木正成らに敗れ九州へ逃れる

1336年南朝の楠木正成・新田義貞を湊川の戦い(神戸)で破り、奥州から都入りした北畠顕家も破る

光明天皇(持明院統)をたてて幕府を開く、建武式目制定(※法律ではない、貞永式目が依然基本法)、その後必要に

応じて追加されたものを建武以来追加という　　　後醍醐は京都から吉野に逃亡、尊氏の北朝に対して南朝を開く

1338年尊氏が征夷大将軍に就く

1350年観応の擾乱＝尊氏の弟足利直義(保守的)と執事高師直(革新的)の対立

1352年半済令＝守護が軍費調達のため国内の全ての土地から年貢の半分を徴収できる権限　※近江・美濃・尾張 → 全国へ

守護の権限強化　鎌倉の大犯三カ条＋刈田狼藉(土地をめぐる紛争中に自分の所有権を主張して一方的に稲を刈り

とる)取り締まり・使節遵行(幕府の判決を強制執行)　　　年貢守護請 → 守護がただの警察から一国の支配者に

◇武士社会の変化　分割相続から単独相続、血縁的つながりから地縁的つながりへ → 相続を受けられない者の不満、武士

団対立、分裂、惣領制解体 → 一方が北朝につけばもう一方は南朝へ、動乱拡大、長期化

③足利義満　　78年京都の室町に「花の御所」をつくり政務を執る、94年将軍を辞して太政大臣につく、1408年没

◇全国的統一政権確立　今川貞世(了俊)(『難太平記』)を九州探題として派遣、九州の懐良親王ら南朝勢力を一掃

明皇帝は懐良親王を「日本国王」に任じ倭寇鎮圧を命じていた

1392年南北朝統一、南朝後亀山天皇が北朝後小松天皇に譲位

有力守護の勢力削減　1390年美濃土岐康行討伐　　91年明徳の乱で「六分の一衆」(11ヵ国)山名氏清を滅ぼす

99年応永の乱(堺)で大内義弘を滅ぼす

〈政治基盤〉

中央　管領＝将軍の補佐、細川・斯波・畠山　※「三管領」足利一門

四職＝京の警備を担当する侍所の長官(所司)、京極・山名・赤松・一色　　　将軍の直轄軍は奉公衆

地方　鎌倉府＝関東の支配、長官鎌倉公方、足利基氏の子孫が継承、頻繁に幕府と対立

関東管領＝鎌倉公方の補佐、上杉氏が世襲　　　　　　　　守護は領国を守護代に統治させ自らは在京

	〈経済基盤〉　直轄領は御料所、金融業者(土倉・酒屋)から土倉役・酒屋役徴収	
	一国平均役　ex 段銭(田に課税)、棟別銭(家屋に課税)　※内裏造営などのための臨時税	
	通行税 → 関銭　　入港税 → 津料　徳政にからんで徴収 → 分一銭(10分の1)　貿易税 → 抽分銭	
④足利義持	義満死後、朝廷から「太上法皇」の称号をおくられたが辞退	
⑤足利義量	鎌倉公方足利持氏と対立し反乱をおこした元関東管領の上杉禅秀を鎮圧	
⑥足利義教	将軍権力の強化をはかり、1438年永享の乱で鎌倉公方足利持氏(関東管領、上杉憲実と対立)を滅ぼす → 持氏の遺児を擁して挙兵した結城氏朝を鎮圧する 1441年嘉吉の乱で家臣の赤松満祐に殺される	
⑧足利義政	1454年享徳の乱で鎌倉公方足利成氏が関東管領上杉憲忠を滅ぼす → 幕府派兵、成氏は鎌倉を放棄し 古河公方(下総)に、幕府から派遣された弟足利政知は堀越公方(伊豆)に　関東管領も扇谷と山内に分裂 1467年応仁の乱(応仁・文明)　有力守護の家督争いに将軍家の後継問題が加わる 東軍 細川勝元 VS 西軍 山名持豊 ※西陣　　足利義尚(義政の子、母日野富子) VS足利義視(義政の弟) 足軽の暗躍(史料『真如堂縁起』)	

② 室町の一揆

正長の徳政一揆(土一揆)

　正長元年九月　日、一天下の土民蜂起す。徳政と号し、酒屋、土倉、寺院等を破却

　せしめ……。日本開白以来、土民蜂起是れ初めなり。(尋尊『大乗院日記目録』興福寺)

・1428年⑥義教就任の代始めに近江の運送業馬借が蜂起、畿内に広がる → 幕府は要求に応じて徳政を出すことはな
　かったが一揆勢は実力で債務破棄を行った(私徳政)　※柳生の石碑(27文字)
　当時の管領は畠山満家

・翌29年徳政に加えて守護赤松氏に政治的要求を行う播磨の徳政一揆がおこる

嘉吉の徳政一揆

　三日、丁酉、……近日四辺の土民蜂起す。……今土民等代始に此の沙汰先例と称すと云々。(『建内記』)

・1441年嘉吉の乱で⑥義教が暗殺され、⑦義勝の「代始め」に徳政要求 → 幕府は徳政令を発布 → 以後乱発

山城の国一揆

　今日山城国人集会す。同じく一国中の土民等群集す。今度両陣の時宜を申し定めんがための故と云々。
　……但し又下極上のいたりなり。　　　　　　　　　　　　　　　(尋尊『大乗院寺社雑事記』)

・1485年守護畠山氏(義就VS政長)を追放、この後南山城の国人が8年の自治、集まった場所は平等院

・国人ら武士による地域的結びつきを国人一揆という

・下剋上＝伝統的権威を否定し、下の者が実力で上の者をしのぐこの時代の風潮

加賀の一向一揆

　一揆衆二十万人、富樫城を取り回く。……城を攻め落さる。皆生害して……。(史料『蔭涼軒日録』)
　泰高ヲ守護トシテヨリ……、百姓等ノウチツヨク成テ、近年ハ百姓ノ持タル国ノヤウニナリ行キ候。
　　　　　　　　　　　　　　　　　　　　　　　　　　　　　　　　(史料『実悟記拾遺』)

・1488年守護富樫政親は一向一揆に討たれ富樫泰高が名目上の守護に、織田信長に制圧されるまで100年の自治

・蓮如の大々的な布教活動、平易な文章で書かれた御文で説き、村々に講を組織　※特に女性の救済を強調

③ 室町の農村社会

　南北朝の動乱の中で、各村々は幕府や守護から自立し惣村を形成した。祭礼を行う宮座が中心となり、指導者はおとな・沙汰人、寄合という会議で惣掟(近江今堀)を定め自治を行った。村民の共同地は入会地、地下検断(=自検断)で村民自身が警察権を行使。武装したものは地侍。年貢は、鎌倉時代は地頭請や下地中分、南北朝期に入ると守護請、そして戦国期になると惣村が年貢を管理する地下請と移る。畿内では三毛作(宋希璟『老松堂日本行録』)がはじまり、米、麦の後にそばがつくられた。肥料も刈敷、草木灰に下肥が加わり、早稲・中稲・晩稲などの品種改良もはじまる。こうして連帯意識を強めた農民は領主のもとにおしかけて年貢軽減を求める強訴や、耕作を放棄して逃げる逃散などの実力行使を行った。村民が一致団結するために書いた誓約の文書は起請文、神に誓う儀式を一味神水。

・生産の向上により貨幣経済の発展 → 年貢を貨幣でおさめる代銭納広がる　土地の賃料は加地子

④ 東アジア貿易

　足利尊氏は禅僧夢窓疎石(「苔寺」西芳寺も建立)の建議を受け、後醍醐の冥福を祈るために天龍寺、諸国に安国寺を建立しようと考え、天龍寺船を元に派遣(東福寺船は韓国新安沖で沈没)。③義満は南北朝統一を成し遂げたのち、1401年僧祖阿、博多商人肥富を明(1368年朱元璋が建国)に派遣して国交を開くことに成功。日明貿易は04年から日本が明に従属する朝貢形式で行われ、倭寇と区別するために明側から「勘合」が発行された。④義持はこの形に反対して一時中断、⑥義教が貿易の利益を重視し復活。しかし、嘉吉の乱で義教が殺された後は、貿易の主導権が幕府から守護大名へ移った。堺商人と結んだ細川氏と博多商人と結んだ大内氏が激しく争い、1523年寧波の乱で大内氏が勝利をおさめ以後貿易独占、大内氏が滅亡するまで続く。

・義満の国書「日本准三后某(太皇太后、皇太后、皇后の待遇を受けている義満)、書を大明皇帝陛下に上る〜」
　史料は相国寺の僧瑞溪周鳳の『善隣国宝記』
　日本宛て「日本国王源道義(=義満)」と大統暦、明宛て「日本国王臣源」
　朝貢式の貿易は朝貢品に対する何倍もの返礼品、経費は全て明負担 → 日本側の利益は莫大　商人楠葉西忍

・明は一般中国人の海外渡航を禁じる。外国との貿易は特定の国と特定の場所でしか行わない。このような中国版鎖国を海禁政策という。大内滅亡後は、明以外の場所で明の密貿易商と取引する出会貿易の形をとった。

・輸入 ex明銭(永楽通宝、洪武通宝、宣徳通宝)・生糸・陶磁器　　　輸出 ex銅・硫黄(火薬の原料)・刀剣

・前期倭寇(14C) → 日本人中心で活動範囲は朝鮮沿岸
　後期倭寇(16C) → 中国人中心で活動範囲は中国南部沿岸
　　　　　　※八幡船

　日朝関係については、日本は李成桂の建国した李氏朝鮮(1392)と対馬の宗氏の仲介で貿易を行う。日本は朝鮮の三浦〔富山浦(釜山)・乃而浦・塩浦(蔚山)〕に倭館を設置して、活発な取引を行った。1419年倭寇に悩まされた朝鮮がその本拠地と考えた対馬を襲撃する応永の外寇がおき、その後嘉吉条約(癸亥約条)で関係修復。1510年特権の縮小に反発した在朝の日本人が暴動をおこした三浦の乱以後衰退。

・日本は木綿(※しだいに三河などで栽培され国産化)、大蔵経を輸入
・許可証 宗氏発行の文引、朝鮮発行の図書

蝦夷地では先住民アイヌ(集落をコタン)が本州からわたってきた和人(「シャモ」)と交易を行い、サケや昆布が京都に送られた。和人は津軽の港十三湊を拠点とする豪族安藤氏の支配下に属し、北海道南部沿岸に道南十二館(※志苔館)中心に居住地をつくった。しだいに和人の圧迫が強くなり、ついに1457年コシャマインの乱がおきたが、蠣崎氏(江戸時代に「松前」に改称)に鎮圧された。

沖縄本島では豪族按司が各地に城を築いて争っていたが、1429年に中山王尚巴志が現在の沖縄本島を統一した。都を首里に、港を那覇において琉球王国を建国し、明への朝貢、東アジア諸国を結ぶ中継貿易を行って栄えた(「万国の津梁」)。鹿児島の港坊津は琉球や明との交易で栄えた。

- 東南アジア産の蘇木(赤の染料)が琉球経由で日本にもたらされる、琉球の古代歌謡集『おもろさうし』
- 中世の港　草戸千軒町＝広島、江戸時代芦田川の洪水で消滅　　大湊＝伊勢神宮の外港　　桑名＝木曽三川の河口
  小浜＝若狭湾

5 室町文化

〈南北朝文化〉北畠親房『神皇正統記』『職原抄』後醍醐の重臣、南朝を正統

『増鏡』公家(南朝)の立場からみる　　『梅松論』武家(北朝)の立場からみる

『太平記』南北朝の動乱を描写　　　　後醍醐天皇『建武年中行事』

〈北山文化〉　足利義満
- 鹿苑寺金閣＝1階は寝殿造、2階は武家造、3階は禅宗様　※公家文化と武家文化・庶民文化、大陸文化と伝統文化の融合
  五山十刹の制＝義満が南宋の制度導入、禅寺のランク付け、相国寺に寺院の管理を行う僧録司(初代 春屋妙葩)を設置
  　　　最高位南禅寺(亀山天皇)京1天竜寺(尊氏) 2相国寺(義満) 3建仁寺、4東福寺(九条道家) 5万寿寺
  　　　　　　　鎌倉1建長寺 2円覚寺 3寿福寺(栄西) 4浄智寺 5浄妙寺

義満は観阿弥・世阿弥父子の猿楽能(観世座はもと結崎座)を保護、世阿弥は能の真髄をのべた『風姿花伝(花伝書)』その他『花鏡』、『申楽談儀』(息子著)を残した、能の脚本を謡曲、合間に滑稽な狂言(モノマネ)が上演
将軍の下で諸芸能に従事し、阿弥号を称したものを同朋衆とよぶ
- 水墨画　如拙「瓢鮎図」　明兆「五百羅漢図」　周文「寒山拾得図」
- 五山版＝漢詩　禅僧絶海中津・義堂周信　※夢窓疎石の弟子、政治・外交にも関与

〈東山文化〉　足利義政　※禅の精神に基づく簡素さ、幽玄・佗びを基調
- 慈照寺銀閣の東求堂同仁斎　様式書院造　畳
  ※ここから床の間を飾る生花、工芸、襖絵、さらに作庭、連歌、茶が発展
- 立花(花道)の祖＝池坊専慶、京都六角堂　　・工芸＝後藤祐乗

・絵画　雪舟(※師は周文、大内氏の保護を受け入明、「画聖」)が水墨画大成
　　　　　「秋冬山水図」「天橋立図」

　　　水墨画に大和絵の技法をとりいれた狩野派

　　　　狩野正信「周茂叔愛蓮図」・元信「大徳寺大仙院花鳥図」

　　　土佐光信の土佐派

・作庭　枯山水＝砂利などで水を使わずに水をあらわす　ex 龍安寺・大徳寺大仙院

　　　作庭などの能力に優れた中世被差別民は河原者、善阿弥が有名

・連歌＝上の句(5・7・5)と下の句(7・7)を集団でよみ継ぐ

二条良基	『応安新式』規則書	『菟玖波集』　※南北朝、連歌の地位確立、世阿弥を指導
宗祇	正風連歌	古今伝授(『古今和歌集』の秘伝を特定の弟子に伝える)の始祖 東常縁の弟子 『新撰菟玖波集』、弟子と『水無瀬三吟百韻』　※応仁
宗鑑	俳諧連歌	『犬筑波集』　滑稽、自由な気風　発句(5・7・5)独立 → 俳諧へ

・茶　最初は娯楽的要素が強い、茶寄合で茶の産地あて(闘茶)を行う
　　　豪華より簡素を尊ぶ侘茶がうまれる　村田珠光 → 武野紹鷗(堺) → 千利休

・一条兼良～室町最高の学者『樵談治要』⑨義尚への意見書、足軽批判　『公事根源』有職故実
　　　　　　　　『花鳥余情』源氏物語研究

・吉田兼倶は反本地垂迹説に基づき神道中心の唯一神道を完成させる

6　室町の社会と宗教

　室町時代になると商業がさらに盛んになり、市も六斎市が一般化。また連雀商人や振売などの行商人や大原女(※薪や炭)・桂女(※鮎)などの女性の商人が活躍。陸運では馬借や車借、海運では廻船、京都三条・七条の米市場、淀の魚市場が出現。また、大寺社などが天皇から与えられた神人(寺社系)・供御人(朝廷関係)の称号を根拠に販売独占権を持つ座を結成。石清水八幡宮の大山崎油座、北野神社の酒麹座、祇園社(八坂神社)の綿座、興福寺の大和猿楽四座(観世・宝生・金剛・金春)などが有名。また幕府は悪銭(私鋳銭)を拒み良銭を求める撰銭を制限したり、交換の基準を定める撰銭令をしばしば発布し、経済活動の円滑化をはかった。

・職人　鍋を作る鋳物師、大工は番匠、鋸
・海の関所、兵庫北関入船納帳(本所は東大寺)

　宗教について、天台・真言などの旧仏教は朝廷の没落により衰退、五山派も幕府の衰退により衰える。そんななか禅宗では五山に属さず自由な布教を試みた林下が出現。中心寺院は臨済系の大徳寺、妙心寺で特に大徳寺の僧一休宗純(父は後小松天皇、母が南朝)が有名。日蓮宗については日親(『立正治国論』)が戦闘的な布教を行って⑥義教の逆鱗に触れ弾圧されるも(「鍋冠り上人」)、1532年には法華一揆を組織して一向一揆を都から追放、しかし36年には延暦寺から焼打ちを受け京都を追放される(天文法華の乱)。浄土真宗(一向宗)は本願寺派の蓮如の出現で勢力を増す。拠点は越前の吉崎だったが過激派に嫌気がさした蓮如は京都の山科へ移り、法華一揆で焼打ちを受け最終的に大坂石山へ。

近　世

1 戦国時代

◇都市　門前町　伊勢神宮の宇治・山田　　延暦寺の近江坂本　　善光寺の長野

　　　　寺内町　摂津の石山本願寺　　河内の富田林　　加賀の金沢

　　　　自治都市　堺＝36人の会合衆、宣教師ガスパル＝ヴィレラ(⑬義輝から畿内布教の許可得る)の

　　　　　　　　　　書簡『耶蘇会士日本通信』に「ベニス市の如く〜」と記述

　　　　　　　　博多＝12人の年行司

　　　京都では町衆により、応仁の乱以降途絶えていた祇園祭(※御霊会由来、山鉾)が復活　月行事 町掟 両側町

◇戦国大名　※幕府の権威に頼ったのが守護大名、実力で領国を支配していったのが戦国大名

　貫高制＝国力を銭であらわす　　寄親・寄子制＝惣村の地侍と主従関係を結び、有能な家臣にあずけて指揮させる

　城下町　大内氏の山口、「小京都」　北条氏の小田原　朝倉氏の一乗谷　今川氏の府中

　　　　※家臣や商人を集住、統制強化・迅速な軍事行動が可能に

　分国法＝領国内の秩序・平和の実現のため、紛争は大名が裁き、家臣の私闘で解決することを禁じる喧嘩両成敗法

　　　　が基調　　ex伊達『塵芥集』　今川『今川仮名目録』(駿・遠両国の輩、私婚禁止)

　　　　　　　　武田『甲州法度之次第』※黒川金山、治水「信玄堤」　朝倉『朝倉孝景条々』(別名敏景)

　指出検地＝自己申告の検地　　今川・武田・島津は守護出身

・関東　北条早雲(＝伊勢宗瑞)が堀越公方、足利政知の子、茶々丸を滅ぼし、古河公方も北条に屈服、関東支配

　　　　上杉憲政(山内)は北条の圧迫に耐えかね、関東管領の職を越後の長尾景虎(＝上杉謙信)に譲る

・畿内　細川勝元 → 政元、明応の変で⑪義澄擁立 → 晴元 → 三好長慶 → 松永久秀(⑬義輝暗殺、東大寺焼打ち)

・中国　大内義隆 → 陶晴賢 → 毛利元就(※国人出身)

・文化　関東管領上杉憲実が下野国に足利学校を再興(校長は快元)、「坂東の大学」とザビエルが紹介

　儒学者　桂庵玄樹〜薩南学派確立、『大学章句』　　南村梅軒〜土佐で南学確立　　万里集九〜関東をまわる

　庶民の教育　『庭訓往来』＝往来物(手紙)や貞永式目をもとにした教科書　『節用集』＝辞書

　『閑吟集』＝小歌の歌集　　『御伽草子』＝「一寸法師」「ものぐさ太郎」子ども向け、大人向けは仮名草子

　一般的な女性の衣服は小袖

◇大航海時代

・鉄砲伝来　1543年ポルトガル人が種子島に漂着(※倭寇、王直の船)、領主種子島時堯が鉄砲購入

　　　　　　戦法 騎馬中心 → 足軽中心

・キリスト教伝来 1549年イエズス会(耶蘇会)のフランシスコ＝ザビエルが鹿児島に到着、上京したが都での布教断念

　大内氏の山口や大友氏の豊後(府内)で貿易を利用して布教を行う、宣教師は各地にコレジオ(高等教育)や神学校セミ

　ナリオ(初等教育)、日本風教会南蛮寺を設立　　『日葡辞書』＝イエズス会が長崎で刊行した辞書、ローマ字

　キリシタン大名ex豊後大友義鎮・肥前大村純忠・肥前有馬晴信は宣教師ヴァリニャーニのすすめに従い、ローマ教

　皇のもとに天正遣欧使節(82)を西廻りで派遣　正使伊東マンショ・原マルチノ・千々石ミゲル・中浦ジュリアン

　※秀吉の時に帰国、禁教政策により不遇

・ヴァリニャーニは金属製印刷を日本に伝える、木製印刷(慶長勅版、後陽成)は朝鮮より伝来

　印刷物　キリシタン版『平家物語』『伊曽保(イソップ)物語』　※ローマ字

・宣教師ルイス＝フロイスは信長のもとで布教を行い、『日本史』を著した

2 安土桃山時代、織豊政権

織田信長

・1560年桶狭間の戦いで今川義元を討ち、美濃の斎藤氏を倒して岐阜城に入り「天下布武」の印使用

　楽市(楽座)令発布「定 安土山下町内〜、分国中徳政これを行うといえども、当所中免除の事」(77)　※関所廃止

・⑮将軍足利義昭を奉じて入京(73追放、室町幕府滅亡)

　鉄砲の生産地、和泉の堺を直轄地に　※このほかの産地近江国友、紀伊根来

・70年織田・徳川連合軍が姉川の戦いで浅井長政・朝倉義景を破る

・宗教統制　1.比叡山延暦寺焼打ち　2.伊勢長島一向一揆鎮圧
　　　　　　3.石山戦争 本願寺顕如との戦い → 最終的に正親町天皇の仲裁で和議、顕如は石山退去(80)

・75年織田・徳川連合軍が長篠の戦いで甲斐の武田勝頼を破る → 近江に安土城を築く

・82年本能寺の変で家臣明智光秀に裏切られ自刃

豊臣秀吉

・1582年山崎の戦いで明智光秀を討ち、83年賤ヶ岳の戦いで柴田勝家を破り、小牧・長久手の戦いで徳川家康・織田信雄と戦う　　石山本願寺跡に大坂城を築く

・85年関白(引退したら太閤)就任、四国の長宗我部元親降伏、ついで太政大臣に(「羽柴」→「豊臣」)、秀吉は天皇から全国統一を委ねられ惣無事令をだす(※天皇の権威を利用し諸大名の自力救済を禁じる)、87年九州の島津義久降伏

・京都の聚楽第(遺構は大徳寺・西本願寺飛雲閣)に後陽成天皇を招き、天皇の伝統的権威を利用して諸大名に忠誠を誓わせる

・90年惣無事令に従わなかった北条氏政を滅ぼし、奥州の伊達政宗臣従、全国統一、徳川家康を東海から関東に転封

・関白を甥の秀次に譲るも秀頼が生まれ秀次を切腹させる、秀頼に大坂城を譲り自身は伏見城(「桃山」の由来)に

◇太閤検地(82)

　全国の生産力を米の量で換算する石高制(←貫高制)を確立(「天正の石直し」)。石高に応じて農民は年貢、大名は軍役を負担。検地帳には田畑とそこを実際に耕す者を登録(※一地一作人、土地の単位は歩・畝・段・町)。これによって荘園制完全消滅。また京枡をつくり枡統一。土一揆や一向一揆を防止するため刀狩令(88、※方広寺の大仏造立という名目で農民から武器を没収)や人掃令(※関白秀次、朝鮮出兵のための国勢調査、結果として諸身分が確定したため「身分統制令」ともいう)を出し、兵・町人・百姓といった身分が定められた(兵農分離)。

・1段360歩 → 300歩、1段当たりの収穫高を石盛、度(長さ)・量(容積)・衡(重さ)統一

◇禁教(キリスト教禁止)と南蛮貿易

　キリスト教政策については、九州平定時に大名大村純忠が長崎をイエズス会に寄進していることを知り、大名のキリスト教入信を許可制にする(※一般人はまだOK)。87年バテレン(伴天連)追放令を出して宣教師を国外追放(※「日本ハ神国」20日以内)。しかし、スペイン・ポルトガルとの貿易は継続(「黒船の儀ハ商売の事に候…」)、海賊取締令を出して倭寇を徹底的に取り締まって南蛮貿易を奨励するなど禁教政策は不徹底であった。

・ポルトガル(インドのゴア)・スペイン(フィリピンのマニラ)は南蛮人

・96年土佐に漂着したスペイン船サンフェリペ号に乗っていた宣教師を長崎で処刑(26聖人殉教)
　イエズス会とスペイン系のフランシスコ会の確執

◇朝鮮出兵(「唐入り」といわれたように目標はあくまで明の征服)と統治システム

　1回目文禄の役(92、壬辰)、本陣は肥前名護屋、李舜臣率いる朝鮮水軍に苦戦、和平交渉で明は秀吉を「日本国王」に封じ朝貢を許すという態度をとったため秀吉激怒。2回目慶長の役(97、丁酉)は秀吉の死によって中止。

　豊臣政権の佐渡相川金山・島根石見大森(※世界遺産)・兵庫但馬生野の銀山などの莫大な直轄領を蔵入地といい、後藤徳乗に天正大判(流通用ではなく贈答用)を鋳造させた。ただ、豊臣政権は秀吉のワンマン政治であり、有力大名を五大老(徳川家康・前田利家・毛利輝元・上杉景勝・宇喜多秀家)として重要政務を合議させ(小早川隆景の死後)、実務を五奉行(石田三成・長束正家・増田長盛・前田玄以・浅野長政)が行う制度ができたのは、秀吉の晩年であった。

・方広寺付近に朝鮮から首に代わる戦功として日本に送られた耳を供養した耳塚がつくられる
・博多商人神谷寿禎が朝鮮から灰吹法という新しい精錬技術を伝え、銀の生産が飛躍的に高まる

◇桃山文化
・中世の城は軍事色の強い山城が主流、織豊期になると鉄砲が合戦の中心になったこと、商業振興をはかったことなどから、平山城・平城が中心に。大名は自らの力を誇示するため本丸に天守閣を設け、内部の襖や壁には金箔地に青、緑、赤を彩色する濃絵の障壁画、欄間彫刻　　　姫路城＝世界遺産、池田輝政が築城、「白鷺城」連立天守
・絵画　狩野永徳「唐獅子図屏風」「洛中洛外図屏風」(織田信長が上杉謙信に贈る)
　　　　長谷川等伯「松林図屏風」、智積院襖絵　　南蛮屏風 ※日本人作
　　　　狩野山楽「松鷹図」「牡丹図」　　海北友松「雲龍図」「山水図屏風」
・堺出身で信長、秀吉の茶頭となった千利休は自らの理想を体現した2畳の茶室、(妙喜庵)待庵をつくり侘茶を大成(楽焼)。秀吉は黄金の茶室をつくり、身分の別なく民衆を参加させる北野大茶湯を催した
　　　利休 → 古田織部 → 小堀遠州

3　江戸幕府
徳川家康
1600 関ヶ原の戦いで豊臣恩顧の福島正則・黒田長政らを味方につけ石田三成・小西行長(もと商人でキリシタン)らの西軍(※総大将は毛利輝元)を破る
　03 征夷大将軍につき江戸幕府を開く　後陽成天皇
　　　諸大名に江戸城や河川などの普請(※工事)を命じ、国の生産高を示した郷帳・国絵図(地図)を提出させる
　05 将軍職を徳川秀忠に譲り徳川の世襲であることを世に示す、家康は駿府に移り大御所(新将軍の後見、安定的な権力継承をはかる)としてなお実権を握る
14~15 方広寺の鐘銘問題を口実にして(「国家安康」「君臣豊楽」)、大坂夏の陣で豊臣秀頼を滅ぼす

◇幕府と藩の機構

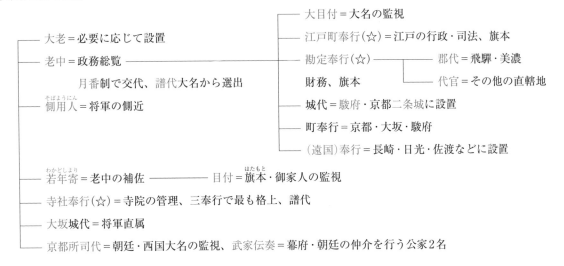

- 大老＝必要に応じて設置
- 老中＝政務総覧
  - 月番制で交代、譜代大名から選出
  - 大目付＝大名の監視
  - 江戸町奉行(☆)＝江戸の行政・司法、旗本
  - 勘定奉行(☆)
    - 郡代＝飛騨・美濃
    - 代官＝その他の直轄地
  - 財務、旗本
  - 城代＝駿府・京都二条城に設置
  - 町奉行＝京都・大坂・駿府
  - (遠国)奉行＝長崎・日光・佐渡などに設置
- 側用人＝将軍の側近
- 若年寄＝老中の補佐 ———— 目付＝旗本・御家人の監視
- 寺社奉行(☆)＝寺院の管理、三奉行で最も格上、譜代
- 大坂城代＝将軍直属
- 京都所司代＝朝廷・西国大名の監視、武家伝奏＝幕府・朝廷の仲介を行う公家2名

・重要政務は老中、三奉行(☆)が集まって評定所で行われた
・旗本・御家人＝1万石未満、旗本は将軍への謁見である「お目見え」が許される
　　　　　　　　将軍直属なので直参ともいう、大名の家来は陪臣
・大名(1万石以上)の種類　※大名を統制するため経済力と政治力を分ける
　　親藩＝徳川一門、家康は将軍のスペアとして義直の尾張、頼宣の紀伊、頼房の水戸の御三家をつくる
　　譜代＝三河時代から従う、石高は低いが幕政の中心、江戸周辺要地に配置　ex松平、井伊、酒井、本多
　　外様＝関ヶ原前後に従う、石高は高いが幕政に参加できない、遠方に配置　ex島津、毛利、前田、黒田

・幕府の直轄領(幕領、天領)約400万石、全国の石高の4分の1

・藩統治は統制強化のため、土地を与える地方知行制から米を与える俸禄制へ変わる

4 江戸初期の外交と宗教政策

◇初期外交

　1600年オランダ船リーフデ号が豊後に漂着、船長㈱ウィリアム＝アダムズ(三浦按針)、船員㈱ヤン＝ヨーステン(耶揚子)が江戸に招かれ、幕府の外交顧問となる。その関係でオランダは09年、イギリスは13年に平戸に商館を開くことを許可される。スペインとの国交はサンフェリペ号事件以来途絶えていたが、京都の商人田中勝介が上総(千葉)に漂着したフィリピンの前総統ドン＝ロドリゴをメキシコ(＝ノビスパン)に送って回復。13年に仙台藩主伊達政宗も家臣支倉常長を東廻りでスペインに派遣したが(慶長遣欧使節)、貿易はかなわなかった。ポルトガル商人は中国のマカオを拠点として中国産の生糸(「白糸」高品質)を日本に運んで巨利を得ていた。このため家康は糸割符制度を設けて一元的交渉をさせポルトガル商人の利益独占を防いだ。このほか東アジア中心に行われていた貿易を朱印船貿易(朱印状は日本船のみ所持)といい、特に日本産の銀は世界の生産量の約3分の1を占めた。日本人の海外渡航者も増え東南アジアに日本町がつくられ、山田長政は傭兵としてアユタヤ(現タイ)王室に仕え、リゴールの長官を務めた。

・オランダ〔インドネシアのバタヴィア(ジャカルタ)〕・イギリスは紅毛人、東インド会社設立
・オランダ・イギリスはプロテスタント(新教)、スペイン・ポルトガルはカトリック(旧教)
・糸割符仲間の五カ所商人　京都・長崎・堺＋江戸・大坂
・朱印船商人　摂津末吉孫左衛門、長崎末次平蔵、京都茶屋四郎次郎

◇鎖国までの流れ

　しかし、このような貿易も、幕府の禁教政策や大名の経済力抑制のためにしだいに厳しい規制が課せられるようになった。1612年には幕領に禁教令が出され、翌年全国へひろがり14年にはそれに従わない大名高山右近をマニラに追放。16年ヨーロッパ船の来航を平戸・長崎に制限、22年長崎で元和の大殉教、23年イギリス船退去、24年スペイン船来航禁止。31年朱印状のほか老中のだす奉書が必要になる奉書船制度開始、33年奉書船以外の海外渡航禁止、35年日本人の渡航帰国を禁止、37年天草四郎時貞を首領として島原の乱がおこると、39年幕府はついにポルトガル船（「かれうた船」）の来航を禁止、そして41年オランダ人（※布教を一切行わず、貿易のみを行う）を長崎の出島に移して鎖国が完成。

・島原・天草はキリシタン大名有馬晴信・小西行長の旧領、信徒に対する弾圧、さらに島原の松倉氏、天草の寺沢氏の苛政が背景、一揆勢は原城跡に籠城、幕府側は板倉重昌が討たれるも松平信綱が鎮圧

・幕府はキリスト教の布教がスペイン・ポルトガルの侵略を招くこと、宗教一揆に発展することを恐れた

・「鎖国」という言葉はドイツ人医師ケンペルの著作『日本誌』をオランダ通詞（通訳）志筑忠雄が「鎖国論」と訳した（18C後半）ことからうまれた

◇江戸の四口

　幕府はオランダ商館長（＝カピタン）が江戸参府の際に提出するオランダ風説書から海外情報を得ていた。中国は明に代わっておこった満州族の清と私貿易を行い、1688年中国人居住地は長崎の唐人屋敷に移された。

　1609年対馬の宗氏と朝鮮との間に己酉約条が締結され、朝鮮出兵後の講和が実現し（※幕府はノータッチ）、釜山に倭館が置かれた。朝鮮からは新将軍就任の慶賀に通信使が来日（最初は捕虜の返還、回答兼刷還使）。対馬藩では儒学者雨森芳洲が外交を担当。

　琉球王国（国王は尚寧）は薩摩の島津家久に征服され与論島以北は薩摩領に。形式上は独立国として清への朝貢を続けるも、実質的には薩摩の支配下に置かれた。琉球からは国王の代替わりに謝恩使が、将軍の代替わりに慶賀使が幕府に派遣された。将軍の権威を高めるため、琉球スタイルで行わせた。

　アイヌとの貿易は松前藩が行う。藩は家臣に対する俸禄として、当初米ではなくアイヌとの交易権を与える商場知行制を行っていたが、和人の圧迫に耐えかね、1669年シャクシャインが乱をおこしたが鎮圧された。以後アイヌ支配は強化され、貿易は和人商人が中心になって行う場所請負制となった。

・1789年クナシリ・メナシの乱

◇宗教統制

　家康は信長・秀吉の軍事力で武装解除させられた寺社勢力に対して管理・統制する体制をとった。寺院法度を定めて宗派ごとに本山・末寺と寺院を整理し（本末制度）、1665年諸宗寺院法度を定め全宗派・僧侶を統制した。神社に対しては諸社禰宜神主法度を制定し、公家の吉田家に統制させた。

　島原の乱の後、幕府はキリスト教徒を根絶するため九州を中心に絵踏を強化。宗門改めを実施し、寺請制度を設けて神官や陰陽師なども含むすべての日本人が最寄りの寺（檀那寺）の信徒（檀家）となった（※幕府は寺院を利用して民衆統治を行う）。

・絵踏は行為のこと、踏みつけるモノは踏絵

・キリスト教の他は、幕府より信仰を重んじる日蓮宗不受不施派が弾圧された

・禅宗として隠元隆琦が開いた黄檗宗が伝来、本山は宇治の万福寺　本願寺は教如の東本願寺と准如の西本願寺に分裂

・将軍家の菩提寺は浄土宗の増上寺と天台宗の寛永寺、陰陽道は土御門家が統制

江戸政治史

②徳川秀忠……「元和偃武」戦国時代の終結

・武家諸法度 元和令(1615)＝南禅寺の金地院崇伝が起草、豊臣滅亡後発布、大名の統制をはかる、「文武弓馬の道～」

　　一国一城令　　　　　　　　城の無断修築禁止　※将軍の代替わりごとに修正されて発布

・禁中並公家諸法度＝朝廷統制「天子御芸能の事、第一御学問なり」

・関ヶ原の戦いで活躍した広島の福島正則を改易(取りつぶし)する　※領地を移すのを転封、削減を減封

・娘和子を後水尾天皇に入内させ官位・改元・改暦の権限得る

③徳川家光……1623年将軍職を譲られる、禁教政策の強化により鎖国へ

・紫衣事件(29)＝後水尾天皇が幕府に許可なく与えた紫衣を法度違反として無効に、憤慨した天皇は幕府に通告せず

　　突然娘の明正女帝(最後の女帝は後桜町天皇)に譲位、武家伝奏と禅僧沢庵処罰　※幕府が朝廷より上であることを示す

・武家諸法度寛永令(35)＝大名は参勤交代が義務付けられ国元と江戸を1年交代で往復

　　　　　　　　　　　妻子は人質として江戸在住を強制、500石以上の大船の建造禁止

　　　　　　※参勤交代や通信使、謝恩使、慶賀使などのルートは大坂まで船、そこから東海道を陸路で江戸にむかう

・熊本の加藤忠広を改易、豊前小倉から細川氏が入国

④徳川家綱……1651年家光死去により就任、叔父の会津藩主保科正之が補佐

・当時の問題＝牢人・かぶき者(傾く)の増加による社会不安

　　兵学者由井正雪の乱(51、慶安の変) → 幕府に警笛 → 末期養子の禁を緩和し牢人増加を防止(適用17~50歳)

・殉死を禁止 → 忠義は主君一代ではなくその家に永続的に尽くす、下剋上の撲滅

　　大名・寺社・公家に支配権を認める 領知宛行状 発給 → 土地は将軍から与えられていることを再確認させ、将軍権

　　威を強化

・各藩は参勤交代の負担などから財政悪化、儒学者を顧問にして藩政改革を行う

　　　会津保科正之～山崎闇斎　　　　加賀前田綱紀～木下順庵

　　　岡山池田光政～熊沢蕃山、藩学花畠教場、郷学閑谷学校創設

　　　水戸徳川光圀～朱舜水(明から亡命)に師事、江戸に彰考館を設け『大日本史』編纂　※紀伝体、明治になって完成

⑤徳川綱吉……家綱の弟でもと群馬館林藩主、木下順庵に学ぶ　大老堀田正俊暗殺 → 側用人の柳沢吉保を重用

・文治政治　武家諸法度天和令「文武忠孝を励し、礼儀を正すべき事」

　　生類憐みの令＝1685、動物の殺生禁止　服忌令＝忌引きの期間などを定める

　　意義＝武断政治から文治政治への転換をはかり、戦国時代からつづく下剋上の風潮を完全に払拭した

　　湯島聖堂を建て、林信篤を大学頭に任じる

　　赤穂事件＝1701年浅野長矩が江戸城内で高家(朝廷関係の儀礼指導)の吉良義央を襲う → 浅野切腹、藩断絶

　　　　　　 → その翌年12/14浅野家の遺臣大石内蔵助らが吉良を討ちとった後切腹「忠臣蔵」

　　朝廷と協調し幕府の権威を高める → 朝廷の禁裏御料を増やす、東山天皇から大嘗祭復活

　　富士山噴火(1707、宝永口)

・経済政策　鉱山収入の減少、明暦の大火(1657「振袖火事」)の復興、寺院の造営などで財政悪化 → 勘定吟味役荻原重秀

　　　　　　が金の含有率を下げた元禄小判鋳造(差額は出目) → インフレが発生するも上方の商人・町人を中心とし

　　　　　　た元禄文化うまれる

⑥徳川家宣……綱吉の兄の子　　　⑦徳川家継……満6歳で亡くなる

〈正徳の治〉朱子学者の侍講新井白石・側用人間部詮房が中心

・短命・幼児の将軍が続き、将軍個人ではなく将軍職の権威の強化を試みる

閑院宮家を設置して天皇家との結びつきを強化　※現在の皇室はこの系統

朝鮮通信使の使う呼称「日本国大君殿下」を「日本国王」に(吉宗がもどす)、待遇簡略化

※「大君」が「国王」より低い意味を持つことを嫌う、将軍が日本の統治者であることを明確化

・商業貿易抑制　正徳小判鋳造＝インフレを抑えるため金の含有率を元に戻すが、度重なる改変でかえって混乱

海舶互市新例＝1715、金銀銅の流出を抑えるため貿易制限

| オランダ船 | 年2隻 | 3000貫 |
| 中国(清)船 | 年30隻 ← 70隻 | 6000貫 |

⑧徳川吉宗……御三家の紀伊出身、「米公方」

〈享保の改革〉1716、目標は曽祖父家康、倹約令　米増産で財政再建

江戸町奉行大岡忠相(旗本)〜足高の制(※節約人材登用、在職中のみ石高を上げる)で就任
儒学者荻生徂徠・室鳩巣、民間から田中丘隅『民間省要』

・米関係　上げ米＝1万石につき100石上納、かわりに参勤交代の江戸在住期間を半減、「八木」→ 米

参勤交代は大名の奉公にあたるものであり、その緩和は大名に対する統制を弱めるとされ後に廃止

年貢率引き上げ　四公六民 → 五公五民

年貢の徴収をその年の収穫に応じて決める検見法から一定の率をつづける定免法へ変更

新田開発　町人請負新田(※税率が優遇される)奨励 ex鴻池新田、摂津川口新田、越後紫雲寺潟新田
干拓 ex 椿海(下総)、児島湾(備前)、有明海

米価を上げるため金の含有率を下げた元文小判鋳造、米価統制のため大坂堂島の米市場や株仲間を公認
幕府の総石高頂点に達するも(440万石)百姓一揆続発

32年西日本でイナゴの大量発生(享保の飢饉)、米価急騰 → 江戸で町人が米屋を襲撃する打ちこわし発生

・都市政策　目安箱を評定所前に設置、貧民救済施設小石川養生所設置、消防組織として町火消を設置
裁判の効率化　相対済し令＝金銭問題は当事者同士で解決させる　公事方御定書＝裁判の判例集

・実学奨励 → キリスト教に無関係な漢訳洋書の輸入制限を緩和
青木昆陽〜甘藷(さつまいも)の研究『蕃藷考』　野呂元丈〜オランダ薬学研究『阿蘭陀本草和解』

・将軍職を紀伊で独占するため宗武に田安家、宗尹に一橋家、重好(⑨家重の子)に清水家をおこさせて御三卿とした
※大名ではない、江戸城に住む

・「米価安の諸色高」＝平和な時代になり世の中が安定して経済が発展、人々の生活がぜいたくになり物価が上がる
幕府は米の増産により財政再建をはかるも、増産すればするほど値段が下がるという構造的矛盾を抱えていた

⑩徳川家治……1772(明和九)田沼意次老中就任

〈田沼政治〉経済活性化により財政再建をはかる、重商主義、「米」中心の旧システムからの脱却をはかる

・商業貿易振興　運上・冥加といった営業税の増収をめざして株仲間を奨励、銅座・真鍮座(銅・亜鉛の合金)・朝鮮人参
座の設立、計数銀貨である南鐐二朱銀を鋳造し金への一本化をはかる

俵物(清向けのあわび・ふかひれ等)や銅を積極的に輸出し、金銀の輸入をはかる

・新田開発　印旛沼、手賀沼の干拓 → 利根川の大洪水で失敗

・蝦夷地開発　『赤蝦夷風説考』を著した仙台の藩医工藤平助の意見を取り入れ、最上徳内を蝦夷地に派遣(得撫島まで

　　　　　　　わたる)、俵物の獲得をはかる

　　　結果＝保守派から実力主義をとる田沼政治への批判が強まる、息子で若年寄の田沼意知が旗本佐野政言(「世直し大明

　　　　　神」)に刺殺され田沼の勢力衰退、また浅間山の大噴火により東北中心に天明の飢饉がおきる　史料『凶荒図録』

　　　　　東北の農村荒廃、農村で一揆、都市部で打ちこわし激化

　　　　　こうした中、後ろ盾の将軍家治が亡くなり、ついに田沼失脚、多くの政策も中止に

⑪徳川家斉……御三卿の一橋家出身　老中松平定信(白河藩主、田安宗武の子)　随筆『花月草子』、自伝『宇下人言』

〈寛政の改革〉1787、目標は祖父吉宗、倹約令

・飢饉対策　囲 米＝義倉・社倉を設けて飢饉に備えさせる、1万石で50石

　　　　　　七分積金＝町入用の節約分の7割を積み立てて江戸町会所にて運用させ、困窮者の救済に備えた

　　　　　　豪商10人を勘定所御用達に登用し、米価引き下げをはかる

・都市政策　旧 里帰農令＝江戸へ流入した没落農民に旅費を与え帰村を奨励、農村人口の減少を防ぎ復興をはかる

　　　　　　石川島に人足寄場を設けて無宿人を強制的に収容、職業訓練所　火付盗賊 改 、長谷川平蔵

・棄捐令＝困窮する旗本・御家人を救済するため、御用商人の札差に6年以前の借金を放棄させる

・寛政異学の禁＝朱子学を「正学」に、湯島聖堂(後に昌 平坂学問所に改称)で朱子学以外の学問を禁止

　　　　　　　　寛政の三博士＝京学柴野栗山・京学尾藤二洲・南学岡田寒泉(→のち古賀精里)

・出版統制(令)　『海国兵談』を著し海防の強化を説いた林子平を処罰　『三国通覧図説』(朝鮮・琉球・蝦夷)

　　　　　　　　　┗→日本橋より唐、阿蘭陀まで海でつながっているのに、防備するのは長崎だけ、なぜ江戸を防備

　　　　　　　　　　しないのか　※「3奇人」、あと尊王の高山彦九郎、『山陵志』の蒲生君平

　　　　　　　　風紀を乱すとして洒落本作家の山東 京 伝、黄 表 紙作家の恋川春町を処罰

・朝廷との関係　閑院宮からでた光格天皇が実父典仁親王(太政大臣、左右大臣の三公より低かった)に「太 上 天皇(上

　　　　　　　　皇)」の称号を与えたいとの要求を却下、時を同じくして将軍家斉も実父一橋治済の大御所待遇を求

　　　　　　　　めたが却下、これにより家斉と定信の関係が悪化し定信失脚(尊号一件)

　　　　　　　　「白河の清きに魚の住みかねてもとの濁りの田沼恋しき」(大田南畝)

〈大御所政治〉⑪家斉、寛政の改革の反動で生活が華美に　→ 化政文化花開く

・治安対策　関東中心に幕領・大名領区分なく犯罪者の逮捕を行う関東取締 出 役を組織、その補助として各農村に
　　　　　　寄場組合がつくられる

・天保の飢饉に際し江戸ではお救い小屋などを設け救済が行われたが、大坂では商人たちが米を買い占め暴利をむさぼり、

　大坂町奉行は無策で逆に大坂の米を江戸に廻送して利益を得ようとする

　　　　　　　↓

　1837年大坂で元与力の陽明学者大塩平八郎(私塾、洗心洞)が「救民」をスローガンに掲げ挙兵

　乱は鎮圧されたがこれを受け越後柏崎で国学者生田 万 も挙兵、幕藩体制動揺

〈外国船の接近〉

1792 ロシア使節ラクスマンが漂流民大黒屋光太夫を連れて根室に来航、通商を求めるが幕府は信牌（長崎入港許可書）を渡して帰国させる、ロシア女帝エカテリーナ2世

　　　海防強化のため近藤重蔵・最上徳内を千島派遣 → 択捉島に「大日本恵登呂府」の標柱をたて、東蝦夷地直轄化

1804 ロシア使節レザノフがラクスマンの持ち帰った信牌をもって長崎来航（漂流民、津太夫帰還）
　　　　→ 通商要求を幕府拒絶 → 択捉島攻撃

1806 文化の薪水給与令＝漂着した外国船に燃料・食料を与えて穏便な退去を求める
　　　幕府は松前奉行を設置して全蝦夷地を直轄化（後に松前藩に返還）
　　　間宮林蔵の樺太・沿海州調査 → 樺太が島であること（間宮海峡）を発見

1808 フェートン号事件＝イギリス船が長崎に侵入し薪水食糧を強要、長崎奉行松平康英切腹、佐賀（肥前）藩処罰

1811 ゴローウニン事件＝日本はたび重なるロシアの蝦夷地侵入に耐えかね国後島でゴローウニン（『日本幽囚記』）を捕縛、ロシアはこれに対し商人高田屋嘉兵衛を捕縛 → お互いを交換して解決

1825 異国船打払令（＝無二念打払令）＝外国船の撃退、清・朝鮮・琉球は対象外、オランダは長崎以外では打払う
　　　　　　　　　　　　　背景＝照明用の鯨油を採取するため、㊣㊥の捕鯨船が日本近海に数多く出没

1837 モリソン号事件＝日本の漂流民をとどけにきたアメリカ船を浦賀で撃退、さらに鹿児島の山川で撃退

　　　蘭学者の批判　渡辺崋山の『慎機論』、高野長英の『戊戌夢物語』※尚歯会

　　　幕府は蛮社の獄でこれらの蘭学者を弾圧（39）

1840 アヘン戦争で清がイギリスに敗北、南京条約で香港割譲
　　　幕府は大きな衝撃を受け政策転換、異国船打払令を廃止し天保の薪水給与令発布

⑫徳川家慶……老中水野忠邦

〈天保の改革〉1841、倹約令

・風俗取り締まり、合巻の柳亭種彦、人情本の為永春水処罰、歌舞伎〔江戸三座（森田・市村・中村）〕の行われる
　芝居小屋を浅草に移転

・農村復興　人返しの法＝人別改め強化、江戸に流入した出稼ぎを強制的に帰郷させる

・経済政策　物価を下げるために株仲間解散 → 江戸への商品輸送が激減、さらなる物価高 → 10年後再興
　　　　　　棄捐令＝再び札差に旗本・御家人の借金を放棄させる

・幕権強化　三方領知替（え）＝㊤川越（相模湾の防備担当）、㊦庄内・長岡の入れ替え → 3藩の反対をまねき失敗
　　　　　　上知令＝財政再建と国防強化のため江戸・大坂周辺を幕府の直轄領に → 諸大名の大反対をうけ失敗
　　　　　　※将軍の大権である領知替えが大名や領民の反対で撤回されるなど前代未聞、幕権衰退が顕著に

① 江戸の農村と産業

　村は名主（関西は庄屋、東北は肝煎）・組頭・百姓代の村方三役によって運営。田畑を持たず地主の下で小作を行うものを水呑百姓といい、名子・被官・譜代は有力な本百姓に隷属、彼らは村政に参加できなかった。村の共同地を入会地、運営費は村入用、村民は五人組に組織されて連帯責任を負い、年貢も村請として村単位で行われた。田植えなどでは結・もやいとよばれる共同作業を行ったが、村掟に背くと村八分（※残りの二分は火事と葬式）の制裁を受けた。田畑・家屋には年貢本途物成がかけられ、収穫の50%が米や貨幣で納められた。山海の利用や副業にかけられる税を小物成、大規模な治水工事を国役という。この他村の収入に応じて課せられたものを高掛物。幕府は年貢収入を安定させるため農民が貨幣経済に巻き込まれないように、1643年田畑永代売買の禁令（背景は寛永の飢饉）、73年土地の細分化を防ぐため分地制限令（名主20石、一般10石）を発布。田畑勝手作りの禁令も出されたが、諸藩は現金収入を増やして財政を安定させるために、商品作物の奨励をはかった。

- 基本的には惣村の延長で、年貢さえ納めればあとは自治（自由）
- 農村支配を表すもの　慶安の触書、「百姓は生きぬように、死なぬように」（『昇平夜話』）、「財の余らぬように、不足なきように」（『本佐録』）　「胡麻の油と百姓は絞れば絞るほど出る」（神尾春央）
- 都市化した村は在郷町、村の境の画定を村切、村方三役を選挙（入れ札）で選ぶこともあった

　戦乱がおさまったことで、農具や肥料の発達から農業は飛躍的に発展し、伊丹・灘の酒、野田の醤油、越前の奉書紙・鳥の子紙、播磨の杉原紙、木曽檜・秋田杉、備後の藺草（畳）といった特産品もうまれた。出雲を中心に砂鉄の採取によるたたら製鉄（玉鋼）が行われ、瀬戸内海では旧来の揚浜法にかわって潮の干満を利用する入浜塩田が発達し、塩の生産が行われた。京都の西陣では高機（←地機）を用いて高級絹織物が生産され、その後北関東の桐生・足利などへ広まる。綿織物は久留米絣・小倉織・有松絞（尾張）、麻織物は越後縮・奈良晒。士農工商の身分があり、武士には苗字・帯刀・切捨御免といった特権があり、「商」の下にはえた（穢多、死牛馬の処理、行刑役）・非人（物乞い等になった賤民）があった。

- 農具（史料『老農夜話』）

    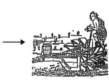

| 耕作 備中鍬 | 脱穀 千歯扱 | 選別 千石簁 | 唐箕 | 揚水 竜骨車 | 踏車 |

- 諸藩が重視した商品作物　「四木（五木）」→ 楮（和紙）・茶・桑（蚕、生糸）・漆（塗料）＋ 櫨（ろう）
　　　　　　　　　　　　「三草（五草）」→ 藍（阿波、青の染料）・紅花（出羽村山、赤の染料）・麻（苧）＋ 木綿（尾張、河内）・菜種（油）
- 漁業　九十九里（千葉）で地曳網による鰯漁、松前の鰊漁、これらは木綿栽培に欠かせない肥料として干鰯・〆粕に加工
　　　　これに菜種の絞りかすの油粕も含めて金肥といわれた　土佐の鰹漁　紀伊の鯨（鯨油で害虫駆除）

	17C	18C	19C
農書	『清良記』	宮崎安貞 『農業全書』(1697)	大蔵永常『農具便利論』 『広益国産考』（特産奨励）
工業	農村家内工業 農閑期の副業 原料・器具は自前	問屋制家内工業 原料・器具を 問屋が提供	工場制手工業　近代産業の芽生え 一カ所に集まって分業・協業 織物業、酒造業は17Cからみられた

〈江戸時代の一揆について〉

17C 代表越訴型	18C 惣百姓型	19C 世直し一揆
村の代表が将軍や大名に直訴 義民　下総佐倉惣五郎（さくらそうごろう） 　　　上野　礫（はりつけ）茂左衛門	藩領全域に及ぶ ex 信濃松本嘉助騒動(1686) 陸奥磐城（いわきだいら）平 元文一揆 村方騒動（むらかたそうどう）=村役人の不正追及 質地騒動=享保期、質入地の無償返還を要求 ex越後、出羽長瀞（ながとろ）	甲斐郡内一揆（かいぐんない）(騒動（そうどう））｝天保の飢饉 三河加茂一揆（かもいっき）　　　　幕領 国訴（こくそ）=流通独占反対(河内木綿等) 渋染一揆=岡山、差別反対一揆

・ 傘（からかされんばん）連判(状)=首謀者が分からないように参加者の一致団結や対等な関係を表す円形放射状の署名

・質流し禁令を出して農民間の貧富の差の拡大を防ごうとしたが、質地騒動がおき撤回、以後質流し黙認

・一揆の件数が一番多かったのは天保期

② 江戸の交通網と流通、商業

　江戸は「将軍のお膝元」とよばれ人口100万の政治の中心。大坂は「天下の台所」とよばれた経済の中心で、幕府や諸藩が送った年貢や特産物が蔵屋敷に集積された。これらは蔵物とよばれ、蔵元（くらもの）によって換金され、掛屋（かけや）がお金を管理。これに京都を加えた三都を中心に全国的な交通網が整備された。

　日本橋を起点とする東海道・中山道・甲州道中・日光道中・奥州道中の五街道は幕府の道中奉行が管理。五街道の他に脇街道とよばれる幹線道路(長崎街道等)もつくられ、街道には宿駅や一里塚(※4km)、関所が置かれた。海上交通網も河村瑞賢（ずいけん）により山形の酒田を起点として日本海側の西廻り(北前船、東北の年貢米や蝦夷地の海産物が上方に運ばれる)・太平洋側の東廻りの航路が開かれ、角倉了以（すみのくらりょうい）によって高瀬川(京〜伏見)・保津川(京〜山陰)・富士川などの水路が開削された。大坂・江戸間(南海路)には菱垣廻船（ひがきかいせん）・樽廻船(十組問屋から酒屋が独立)が定期的に酒・木綿などを江戸へ運んだ。19C以降は積み込みが早い樽廻船が広く使用されるようになった(東海拠点は内海船（うつみぶね）)。

・ 宿場町（しゅくばまち）(宿駅（しゅくえき）)　問屋場（といやば）が置かれ飛脚を管理　幕府の公用継飛脚（つぎ）、大名用大名飛脚、一般用町飛脚
　　　　　　　　　街道の人足の提供伝馬役（てんま）、それを補うために近隣の村に課された負担が助郷役（すけごう）
　　　　　　　　　宿泊施設 大名本陣・脇本陣、一般旅籠屋（はたご）
　　　　　　　　　河岸（かし）＝川船用の着岸場

・関所　東海道の箱根 中山道の碓氷（うすい） 甲州道中の小仏（こぼとけ） 奥州道中の栗橋
　　　中世は関銭徴収、近世は「入り鉄砲に出女（でおんな）」治安維持　※出女とは人質や犯罪人を指す

・交通　防衛上の問題から東海道の天竜川(船)や大井川(歩き)には橋が架けられなかった
　　　東海道 尾張の宮宿(熱田)〜伊勢の桑名は海路　※濃尾平野はたびたび水害に襲われたため
　　　中山道の合流地点は滋賀の草津

◇商業活動

　徳川家康は貨幣として後藤庄三郎のもとで慶長小判を鋳造させた。金貨は大きさ・形が同じ計数貨幣、東日本で使用。銀貨は大きさや形が異なるため量らなければならない秤量(しょうりょう)貨幣、西日本で使用。金座・銀座は、初めは江戸以外にも設置されたが最終的に江戸に一本化。銭座は江戸・近江坂本に置かれ銅銭寛永通宝が鋳造され(明銭は禁止に)、後に民間に委託。これらの貨幣は三井、鴻池(こうのいけ)(※酒造)、住友(※別子(べっし)銅山)、安田などの両替商(江戸は本両替、大坂は十人両替(じゅうにん))により流通が促進された。また各藩の領内では藩札が流通。17C末には江戸の十組問屋、大坂の二十四組問屋といった株仲間が結成された。

・金の単位両(りょう)・分(ぶ)・朱　※1両＝4分＝16朱　　銀の単位貫(かん)・匁(もんめ)、細長いのが丁銀(ちょう)、丸いのが豆板銀

　両替比率　金1両＝銀50匁＝銭4貫

・元禄の初期豪商　大坂の淀屋辰五郎、材木商の紀伊国屋文左衛門・奈良屋茂左衛門　※一発屋

・三井財閥の始祖は三井高利(たかとし)　越後屋呉服店(えちごや)(現在の三越)「現金かけ値なし」、引札(ひきふだ)(広告)で産をなす

・市場　大坂　米堂島(どうじま)　魚雑喉場(ざこば)　青物天満(てんま)　　江戸　魚日本橋　青物神田

・売り歩くのは棒手振(ぼてふり)

・江戸の町人　身分・職業によって居住地域が区分 ex武家地、寺社地、町人地(呉服町・紺屋町(こんや)・馬借など)

　　　　　町人は年貢はなかったが、地借(じがり)・借家のものは町政に参加できなかった

　　　　江戸っ子気質　粋・通(いき)(つう)↔無粋・野暮(ぶすい)

3 寛永文化と元禄文化

◇寛永文化　※③家光

・絵師　俵屋宗達「風神雷神図屏風」　久隅守景「夕顔棚納涼図屏風」(くずみもりかげ)

　　　　狩野探幽「大徳寺方丈襖絵(ほうじょうふすま)」、幕府の御用絵師

・建築　神社建築権現造(ごんげんづくり)　ex日光東照宮、陽明門、僧天海、徳川家康の神号「東照大権現」

　　　　茶室風数寄屋造(すきやづくり)　ex京都桂離宮(かつらりきゅう)、後水尾天皇の修学院離宮

・陶芸　本阿弥光悦(ほんあみこうえつ)～洛北鷹ヶ峰(らくほくたかがみね)に移り住み芸術村をつくる「舟橋蒔絵硯箱(ほうじょうまきえすずりばこ)」、宗達と同じ京都の町衆

　　　　有田焼＝朝鮮出兵で日本にわたった朝鮮陶工李参平が肥前で創始、伊万里港から各地へ出荷

　　　　　　酒井田柿右衛門(さかいだかきえもん)～特有の赤絵とよばれる上絵付けの技法完成

　　　　お国焼 ex筑前の高取焼(あがの)、豊前の上野焼(あがの)、加賀の九谷焼(くたに)

◇元禄文化 ※上方中心、⑤綱吉

・井原西鶴～浮世草子という小説を書く　※現世をおもしろおかしく

　　　　　町人物『世間胸算用』『日本永代蔵』　　好色物『好色一代男』　武家物『武道伝来記』

・近松門左衛門～人形浄瑠璃の脚本を描く、義理人情、ナレーター高三隆達 → 竹本義太夫(義太夫節)　※大坂

　　　　バックミュージックには琉球から伝わった三味線が使われ、人形遣いは辰松八郎兵衛

　　　　世話物『曽根崎心中』『冥途の飛脚』『心中天網島』

　　　　時代物『国姓(性)爺合戦』※明の遺臣、鄭成功(母は日本人)の明再興の話

・俳諧　松永貞徳～連歌の発句(上の句)を独立させる、貞門俳諧

　　　　西山宗因～談林俳諧、奇抜さ

　　　　松尾芭蕉～俳諧の千利休、わび・さび、蕉風俳諧、紀行文『奥の細道』、『笈の小文』

・歌舞伎　踊念仏から派生した盆踊り(盂蘭盆会)、派手に仮装して踊る風流踊り等が融合

　　　　　出雲阿国がはじめた女歌舞伎が、風紀の問題から江戸時代に入って男だけの若衆歌舞伎(旧ジャニーズ)となり

　　　　　さらに野郎歌舞伎となって元禄時代に興隆を迎える

　　　　　江戸市川団十郎～荒事(スーパーマン)　　上方坂田藤十郎～和事(恋愛)　　女形芳沢あやめ(男)

　　　　　興業の施設 歌舞伎は芝居小屋、落語などは寄席

◇儒教の興隆

　　儒教の中でも朱子学は忠や身分秩序を最も重んじる(大義名分論)学問であり、幕府は下剋上の風潮を否定する幕
　　藩体制維持の思想として重んじた

　　プラス面 → 秩序、安定、儒教の合理性・現実的思考が自然科学系の学問にも大きな影響を与える

　　マイナス面 → おカネや商業に対する蔑視、科学技術軽視、男尊女卑、夜郎自大

　　　　　　　覇道(将軍)より王道(天皇)を重んじる思想が尊王思想へ転じ、最終的に倒幕の理論となる

朱子学派

京学藤原惺窩　　┬──　幕府林羅山(道春)　──　鵞峰　　　──　林信篤(鳳岡)　‥‥‥‥‥‥‥‥‥‥　柴野栗山
相国寺　　　　　│　　　　『本朝通鑑』　　　　　　　　　　　　湯島聖堂の大学頭　　　　　　　寛政三博士
　　　　　　　　│
　　　　　　　　└──　松永尺五　　　──　木下順庵　　──　新井白石 正徳の治
師は姜沆(朝鮮人捕虜)　　　　　　　　前田綱紀「錦里」　┬──　室鳩巣享保『六諭衍義大意』民衆教化の教材
　　　　　　　　　　　　　　　　　　　　　　　　　　　　└──　尾藤二洲 寛政三博士

・新井白石著作　　史論『読史余論』(「九変して武士の世、五変して徳川の世」)、『日本書紀』研究の『古史通』

　　　　　　　　　自伝『折たく柴の記』、大名の系譜をあつかった『藩翰譜』

　　　　　　　　　屋久島に潜伏していた宣教師シドッチの尋問から『采覧異言』『西洋紀聞』※秘本

南学 南村梅軒　──　谷時中　┬──　野中兼山～土佐山内家の家老
　　　　　　　　　　　　　　│
　　　　　　　　　　　　　　├──　山崎闇斎　‥‥‥‥‥‥‥‥‥‥‥‥‥‥‥　岡田寒泉 寛政三博士
　　　　　　　　　　　　　　└──　垂加神道(神+儒)創設、保科正之

陽明学派　「知行合一」現実を変えるために行動をおこすという革新的思想、幕府は危険視し弾圧する　明の王陽明

　　　　　中江藤樹「近江聖人」───　熊沢蕃山『大学或問』池田光政‥‥‥‥　大塩平八郎

古学派　孔子・孟子の原典にもどる

　　　　伊藤仁斎・東涯親子〜京都の堀川に私塾古義堂

　　山鹿素行〜『聖教要録』で朱子学批判を行い赤穂へ配流、『武家事紀』

　　　　　　　本当の「中華」は何度も王朝が交替している中国ではなく万世一系の日本

　　　古文辞学派＝政治経済の具体策を論じる、経世論

　　　荻生徂徠『政談』貨幣経済の浸透により武士が商人に従属 → 武士窮乏 → 武士の土着、農業従事を主張

　　　　　　　私塾蘐園塾

　　　太宰春台『経済録』商業振興

◇その他の学問

・本草学　貝原益軒『大和本草』、『和俗童子訓』教育書、『女人学』良妻賢母教育のすすめ　　　稲生若水『庶物類纂』

・和算　吉田光由『塵劫記』　　　関孝和『発微算法』円周率研究

・暦法　渋川春海が貞享暦(1684)をつくる、平安時代の宣明暦を元の授時暦をもとに修正、天文方につく

・石田梅岩(『都鄙問答』)が享保期に一般の町人道徳として心学をおこし、朱子学で否定されている商業・営利の正当
　性、正直などの道徳を民衆に易しく説き、弟子の手島堵庵・中沢道二がひろめる

◇美術

・絵画　狩野派が衰退し、土佐光起が朝廷の御用絵師に、住吉如慶・具慶親子が幕府の御用絵師に

　　　　㊎尾形光琳〜俵屋宗達の流れをくむ琳派をおこす、「紅白梅図屏風」「燕子花図屏風」「八橋蒔絵螺鈿硯箱」
　　　　㊎尾形乾山〜陶工

　　　　菱川師宣〜江戸時代の庶民的風俗画である浮世絵の創始者、「見返り美人図」※肉筆

・染物　宮崎友禅
・陶芸　野々村仁清〜上絵付法をもとに色絵を完成、京焼の祖
・彫刻　円空

1 化政文化　※江戸中心、⑪家斉、文化・文政の略

◇文学

官能小説洒落本　山東京伝『仕懸文庫』『江戸生艶気樺焼』、出版元は蔦屋重三郎、耕書堂 ⎫
　　⎬ 寛政で処罰
政治風刺黄表紙　恋川春町『金々先生栄花夢』『鸚鵡返文武二道』 ⎭

黄表紙数冊分合巻　柳亭種彦『偐紫田舎源氏』、幕府大奥にふれて絶版 ⎫
　　　　　　　　　　　　　　　　　　　　　　　　　　　　　　　　　　⎬ 天保で処罰
恋愛小説人情本　為永春水『春色梅暦』 ⎭

笑い話滑稽本　式亭三馬『浮世風呂』　十返舎一九『東海道中膝栗毛』東海道旅行記

歴史伝奇小説読本　上田秋成『雨月物語』
　　　　　　　　　　曲亭(滝沢)馬琴『南総里見八犬伝』仁義礼智、勧善懲悪　『椿説弓張月』源為朝の武勇伝

歌舞伎　怪談物脚本家鶴屋南北『東海道四谷怪談』
　　　　ねずみ小僧などをあつかった義理人情の白浪物、庶民描いた生世話物　脚本家河竹黙阿弥

人形浄瑠璃脚本　竹田出雲『仮名手本忠臣蔵』赤穂事件、いろは47文字＝47士　『菅原伝授手習鑑』菅原道真左遷
　　　　　　　　近松半二『本朝廿四孝』武田VS上杉

紀行文　菅江真澄～東北を旅行、天明の飢饉の貴重な史料　鈴木牧之『北越雪譜』雪国の生活を描く

俳諧　蕪村　　(小林)一茶『おらが春』信濃
川柳　柄井川柳『誹風柳多留』
狂歌　大田南畝(蜀山人)　石川雅望(宿屋飯盛)

・一般民衆にとっての初期教育機関である寺子屋(「読み・書き・そろばん」)の増大によって一般民衆の識字率が上がり、
　また貸本屋の普及もあって化政期の文学は広く民衆の間に広がった。

◇国学

17C	18C			
北村季吟 --------------	荷田春満 —	賀茂真淵 —	本居宣長 -----------------	平田篤胤
源氏物語研究書『源氏物語湖月抄』	『創学校啓』	『国意考』	『古事記伝』もののあはれ	復古神道
契沖　万葉集研究書『万葉代匠記』			『玉くしげ』政治論	仏儒排除、神のみ
戸田茂睡＝制の詞、反古今伝授			『玉勝間』随筆	
			└ 塙保己一盲目『群書類従』塾和学講談所	

◇蘭学

正徳期　新井白石のシドッチ尋問や、西川如見(『町人嚢』町人の心得)が長崎で見聞した海外事情を『華夷通商考』とし
　　　　てまとめた
享保期　吉宗による漢訳洋書の輸入制限緩和、実学奨励

田沼・寛政期　蘭学が医学として発展

山脇東洋 ┄┄┄┄┄┄┄┄┄┄┄┄ 杉田玄白(『蘭学事始』『後見草』) ─────── 大槻玄沢 ─────── 稲村三伯

日本初の解剖図　　　　　　　　　　前野良沢　　　　　　　　　　　　　　　『蘭学階梯』　　　　　　　蘭日辞書

『蔵志』　　　　　　　　　　　　　『解体新書』　　　　　　　　　　　　江戸に私塾芝蘭堂　　　　　『ハルマ和解』

古医方(東洋医学)　　　　　　　　⑩クルムスの医学書の蘭訳　　　　　　1/1を祝うオランダ正月

　　　　　　　　　　　　　　　　　『ターヘル＝アナトミア』翻訳

　　　　　　　　　　　　　　　　　挿絵は小田野直武

桂川甫周(大黒屋光太夫の見聞を『北槎聞略』に著す) ───── 宇田川玄随『西説内科撰要』─── 小関三英
　　　蛮社の獄

華岡青洲 ～世界初の全身麻酔手術に成功

その後蘭学が様々な分野で発展

天文学　天文方の高橋至時が寛政暦作成

　　　　オランダ通詞志筑忠雄が『暦象新書』でニュートンの万有引力・コペルニクスの地動説を紹介、「鎖国」

地理学　伊能忠敬～日本地図『大日本沿海輿地全図』、死後完成(1821)

　　　　※ロシアの南下など外国の接近を受け国境に対する意識が高まり、正確な地図が必要となる

物理学　平賀源内～高松、エレキテル、寒暖計、火浣布(燃えない布)を製作、西洋画「西洋婦人図」

　　　　　　　　　さらに小説、浄瑠璃脚本も手掛ける「土用丑の日」

語学　　蛮書和解御用＝天文方高橋景保の建議で設置された翻訳施設

医学　　緒方洪庵～大坂に適塾を開く　門下生 大村益次郎 橋本左内 福沢諭吉

　　　　シーボルト～ドイツ人医師、長崎に鳴滝塾を設立、『日本』　門下生 高野長英

蘭学者弾圧　シーボルト事件(1828)＝持ち出し禁止の日本地図所有により国外追放、高橋景保を処罰

　　　　　　蛮社の獄＝モリソン号事件を批判した渡辺崋山・高野長英を処罰

◇政治・社会思想の発達、経世論が発展

安藤昌益『自然真営道』万人が耕す世を理想とする「自然世」、身分制否定　※享保期

海保青陵『稽古談』重商主義を説く

木多利明『西域物語』西洋の風俗を紹介　『経世秘策』天明の飢饉の経験から開国交易などの打開策を提案

佐藤信淵『経済要録』『農政本論』産業振興・貿易推進を説く

尊王論の台頭　背景＝朱子学、国学、水戸学の発展・融合・過激化　※尊王攘夷に転じ最終的に討幕理論となる

　　宝暦事件＝竹内式部が京都で公家に尊王論を説いて追放

　　明和事件＝山県大弐が江戸で尊王論を説いて死刑、『柳子新論』

　　藤田東湖～水戸藩校、弘道館設立、父は幽谷　　会沢安『新論』

　　頼山陽『日本外史』源平～徳川、武家政権盛衰史

近世

◇化政美術

錦絵(カラーコピー)＝鈴木春信創設　※浮世絵の変遷　肉筆 → 版画 → 大量生産可 → 廉価 → 広く普及

大首絵　美人画の喜多川歌麿「ポッピンを吹く女」　役者絵の東洲斎写楽

風景画　歌川広重「東海道五十三次」　　葛飾北斎「富嶽三十六景」

文人画(＝南画)＝画家ではない文人や学者が描いた絵
　　　　　　　池大雅・蕪村「十便十宜図」　　　渡辺崋山の「鷹見泉石図」「一掃百態」(寺子屋)
　　　　　　　田能村竹田(豊後)　　谷文晁(江戸)

洋画　銅版画 司馬江漢「不忍池図」　亜欧堂田善「浅間山図屏風」松平定信に仕える

円山応挙「雪松図屏風」「保津川図屏風」日本画に遠近法を取り入れた写生画

呉春(＝松村月溪)が円山派から分かれて四条派開く

歌川国芳　　『名所図会』観光ガイド

◇地方の教育、その他

大坂の懐徳堂は町人出資の学校、中井甃庵創立、学頭中井竹山(『草茅危言』)　門下生 富永仲基『出定後語』

　　　　　　　　　　　　　　　　　　　　　　　　　　　　　　　　山片蟠桃『夢の代』無神論

豊後日田広瀬淡窓の咸宜園

御蔭参り＝伊勢神宮への参詣が流行る、ほとんどが手形を持っていない「抜参り」だったが大目に見られた

庚申講＝60日に一回巡ってくる干支の庚申の夜は徹夜するという信仰の集まり

開帳＝寺の秘仏を公開すること、他へ出張させて公開することを出開帳

三従＝女性は生まれたら父に従い、結婚したら夫に従い、夫が亡くなったら息子に従う

朱子学の影響を受け社会的には男尊女卑の世の中であったが、女性は鎌倉の東慶寺や上野の満徳寺などの駆込寺で一定期
間修行することで三行半がだされ離縁成立

② 雄藩のおこり

寛政期　藩校を設置して人材育成、藩が特産品を奨励し販売を独占する専売を強化、大きな利益をあげていく

　　熊本細川重賢～時習館　　　　米沢上杉治憲(鷹山)～興譲館　　　秋田佐竹義和～明徳館

　　その他の藩校　長州明倫館　薩摩造士館　水戸弘道館　会津日新館　福岡修猷館

天保期　あくまで農本主義を貫く幕府を尻目に、薩長は重商主義政策へかじをきり有能な下級武士を積極的に登用

　　薩摩　島津重豪～調所広郷を重用、奄美三島(大島・徳之島・喜界島)特産の黒砂糖の専売、琉球との密貿易

　　　　　島津斉彬～反射炉(溶鉱炉)で大砲製造、産業革命のはしり、薩摩の洋式工場群は集成館

　　長州　村田清風～防長大一揆を受け紙・ろうの専売を緩和、下関に越荷方を設置、商品を大坂に着く前に買い上げて

　　　　　　　　　　販売し大きな利益

　　　　　吉田松陰の松下村塾 高杉晋作 伊藤博文 山県有朋 前原一誠 品川弥二郎輩出

　　肥前　鍋島直正(閑叟)～均田制(農地改革)実施、有田焼の専売、徹底した近代化を行い反射炉、造船所

　　　　　　　　　　アームストロング砲製造

　　土佐　おこぜ組による改革

　　幕府　江川太郎左衛門に命じて伊豆韮山に反射炉をつくらせる

　　　　　水戸藩の徳川斉昭の改革は保守派の反対で挫折

　　その他　二宮尊徳～「報徳仕法」による農村復興、勤労勤勉を説く、「積小為大」

　　　　　　大原幽学～道徳と経済の調和を重んじる性学を説く

1840　アヘン戦争

1844　オランダ国王が⑫徳川家慶に開国勧告を行うも幕府は黙殺、幕府は対外問題をあつかう海防掛 設置

1846　アメリカ東インド艦隊司令長官ビッドルが浦賀にあらわれ捕鯨船や対清貿易船の寄港地として開国を要求

　　　　→ 幕府は拒否

1853　同長官ペリーが浦賀にあらわれフィルモア大統領の国書を持参し開国を要求

　　　　→ 幕府は翌年の回答約束　　　ロシアのプチャーチンも長崎にあらわれ開国と国境画定を要求

　　　「太平の眠りを覚ます上喜撰(※お茶の銘柄のこと「蒸気船」とかける)たった4はいで夜も寝られず」

1854　ペリー再び来航、日米和親条約(=神奈川条約)締結　　　老中阿部正弘

　　　・下田・箱館を開港して領事を置く

　　　・㋳に最恵国待遇(※㊐が㋳以外に有利な条件を与えたら㋳も自動的にそれが適用)を与える

　　　・オランダ・イギリス・ロシアとも和親条約締結

　　　　※日露和親条約=川路聖謨、下田にて、長崎開港

　　　　　　　　国境画定 → ㊐択捉島以南 / ㋺得撫島以北、樺太は日露雑居

〈安政の改革〉

　　　・人事　　水戸藩主徳川斉昭(37年大塩の乱とモリソン号事件を受け幕府に意見書「戊戌封事」提出)が幕政に参加
　　　　　　　　諸大名に意見を求め、外様の薩摩藩主島津斉彬らへ協力要請

　　　・国防　　江戸湾に台場、講武所(西洋式陸軍、高島秋帆が師範)、長崎に海軍伝習所、翻訳施設蕃書調所(←
　　　　　　　　蛮書和解御用)設置、武家諸法度寛永令で規定された500石以上の大船建造の禁を解く

　　　　　　　→ ペリー来航を幕府だけでは対応できないと考え朝廷に報告、天皇の権威高まる(尊王)、朱子学を素地
　　　　　　　　　とした水戸学の外国を野蛮でケガレとみなし排撃する攘夷論と融合、「尊王攘夷」がうまれる

1856　ハリスが初代領事として下田に着任、後下田は閉鎖され善福寺(福沢諭吉の墓)に㋳公使館が置かれる
　　　　老中堀田正睦は朝廷に通商条約締結を求める → 孝明天皇が拒否(開国はしかたないが通商は認めない)

1858　日米修好通商条約(=安政の五カ国条約)締結(岩瀬忠震調印)

　　　　→ アロー戦争で清が英仏に敗れたというニュースを受け、大老井伊直弼は天皇の勅許をえず締結

　　　4条 総て国地に輸入輸出の品々、別冊(貿易章程)の通、日本役所へ運上を納むべし　　※関税20%

　　　6条 日本人に対し、法を犯せる亜墨利加人は、亜墨利加コンシュル裁断所にて吟味の上、亜墨利加の法度を以て
　　　　　　罰すべし

　　　　・箱館・神奈川(→横浜)・長崎・新潟(明治になって開港)・兵庫(京都に近いため遅れる)開港、下田は閉鎖、外国
　　　　　人が居住営業を許可された地域は居留地

　　　　・不平等条約=治外法権(領事裁判権)認め、関税自主権欠如

　　　　・オランダ・イギリス・フランス・ロシアとも通商条約締結

　　　　・疫病コレラ蔓延、天然痘予防の種痘所設置

◇開港の影響

　取引は銀で行われ輸出入額は横浜港が一番多い(9割)、アメリカで南北戦争がおこり最大の取引相手はイギリス、

　当初は輸出超過であったが外国から安価な綿織物が大量に入ってきたため国内の関連業者が大きな打撃を受けた

　輸出品第1位は生糸、輸入品第1位は毛織物

　金銀比価の違い＝日本1：5、外国1：15

　大量の金が海外へ流出し、比価をグローバルスタンダードにするため

　幕府は金の含有量を1/3にした最も質の悪い万延小判鋳造

　　→ 物価高騰

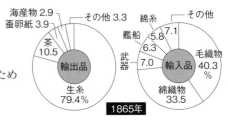

石井孝『幕末貿易史の研究』より

◇政局の転換

　⑬徳川家定の後継者をめぐって紀伊の徳川慶福(将軍のいとこ、血統は近いが年少)と一橋慶喜(※水戸藩主の徳

　川斉昭の子、一橋家の養子に、優秀？)の派閥で争う

　　→ 慶福をおす譜代大名グループ南紀派は彦根藩主井伊直弼を大老に迎え慶福を⑭徳川家茂に決定する

　　→ 井伊直弼は安政の大獄で一橋派を弾圧、前水戸藩主の徳川斉昭を永久謹慎、越前橋本左内・長州吉田松陰処刑

　　→ 桜田門外の変(60)で水戸脱藩浪士たちから暗殺される

1860　老中安藤信正は朝廷との融和をはかるため、孝明天皇の妹和宮を家茂の妻にする公武合体政策をとる

　日米修好通商条約の批准書交換のため新見正興が渡米、勝海舟が咸臨丸で随行、福沢諭吉も渡米

　五品江戸廻送令＝物価を下げるため雑穀・水油(菜種油)・ろう・呉服・生糸は江戸を経由に → 効果なし

　　　　　　　　↓

　物価騰貴、生活圧迫、外国に対する反感から各地で攘夷運動激化

　　　exハリスの通訳ヒュースケン暗殺、東禅寺の仮英公使館襲撃

　　　高杉晋作・伊藤博文・井上馨が御殿山に建設中の英公使館を焼打ち

　　　信濃松代藩、佐久間象山暗殺「東洋道徳、西洋技術」

1862　坂下門外の変で安藤信正が負傷し失脚

　このような状況下で、公武合体論者である薩摩の島津久光が江戸に上って改革を要求(薩摩内の尊王派弾圧は

　寺田屋事件)→文久の改革　※井伊直弼に弾圧された一橋派の復活

　　・人事改革　| 越前松平慶永 → 政事総裁職　　徳川(一橋)慶喜 → 将軍後見職
　　　　　　　 | 会津松平容保 → 京都守護職(京都の警備)、新選組組織　誠

　　・参勤交代の期間を3年1勤に

　　・帰りに薩摩藩士がイギリス人を殺傷する生麦事件発生

近世

1863　尊王攘夷（倒幕）を藩論とする長州が朝廷を動かして家茂上洛、攘夷の決行を幕府に迫る

幕府はついに攘夷決行を諸藩に命じ（和宮降嫁の交換条件）、長州は関門海峡を通過する外国船を砲撃

長州高杉晋作が百姓・町人を組織し奇兵隊結成

↓

生麦事件の報復で薩英戦争勃発、薩摩は攘夷が不可能であることを悟り、危機感を持つ　この後㋛と親密に

薩摩・会津は親長州の公家三条実美（明治新政府で太政大臣）を追放し、朝廷の実権を長州から奪う（八月十八日
の政変）

↓

尊王攘夷派が各地で暴発し各個撃破される　　大和天誅組の変＝公家中山忠光、土佐吉村寅太郎
　　　　　　　　　　　　　　　　　　但馬生野の変＝福岡平野国臣　　　水戸天狗党の乱

↓

勢力回復をはかる長州を中心とした尊攘派を会津の組織した新選組が襲撃（池田屋事件）

↓

長州は薩摩から天皇を奪い返すために京都に攻め込むが薩摩・会津連合軍に返り討ちにされる（禁門の変、
　　　　　　　　　　　　　　　　　　　　　　　　　　　　　蛤御門の変）

↓

幕府は禁門の変を理由に長州征討 → 長州降伏、藩論が倒幕から佐幕（親幕）へ

四国艦隊下関砲撃事件＝アメリカ・オランダ・イギリス・フランス → 降伏、攘夷が不可能であることを悟る
　　　　　　　　　　※下関＝赤間（馬）関、㋛公使オールコック『大君の都』

↓

イギリスに密航していた伊藤博文・井上馨慌てて帰国（「長州ファイブ」）、高杉晋作が功山寺で挙兵、木戸孝允とと
もに藩の実権を握り藩論を佐幕から再び倒幕へ、薩摩も西郷隆盛・大久保利通が実権を握り、幕府に見切りをつけ
倒幕へと舵を切る

1865　条約勅許、兵庫は67年に開港

1866　薩長同盟成立 → 米が余って武器のない長州、武器があって米のない薩摩
　　　　　　　　これを土佐坂本龍（竜）馬の海援隊が仲介、長崎で㋛商人グラバーから武器購入
　　　　　　　　土佐中岡慎太郎も関わる

　　　外国勢力　㋛公使パークスは薩長支持、㋻公使ロッシュは幕府支持、横須賀製鉄所（造船所）設立

改税約書調印＝関税率が20% → 5%　※下関戦争の賠償

第2次長州征討 → 長州優勢の中⑭家茂の死で中止　　孝明天皇崩御 → 明治天皇即位

1867　薩長、公家岩倉具視はついに武力倒幕を決意

しかし、坂本竜馬（朝廷中心の大名会議、二院制を盛り込んだ「船中八策」起草）と土佐藩家老後藤象二郎は
前藩主山内豊信を通して⑮徳川慶喜に政権の返還をすすめた

慶喜は「討幕の密勅」を手に入れた薩長の機先を制して大政奉還を行い、新政府での主導権を握ろうとした

東海・畿内では民衆の倒幕運動ええじゃないか狂喜乱舞（伊勢神宮のお礼がふってきた？）

京都、近江屋で坂本竜馬・中岡慎太郎暗殺

薩長は討幕の口実を謀る

・王政復古の大号令＝幕府・摂関廃止、天皇中心の新政府が樹立され、総裁・議定・参与の三職がおかれる
「癸丑（53年ペリー来航、嘉永6年）以来未曾有ノ国難～」

・小御所会議＝将軍慶喜の内大臣辞退と朝廷への領地返上（辞官納地）決定
↓

これらに反発した慶喜は大坂城に引き上げ、新政府との軍事対決がはじまる

1868　戊辰戦争

鳥羽・伏見の戦い＝兵力では旧幕府側が有利だったが、薩長が「錦の御旗」を掲げたことで慶喜は江戸逃亡
幕府軍総崩れ

相楽総三の赤報隊が義勇軍として参加、年貢半減令などを出すが後に偽官軍として処刑される
↓

江戸城無血開城　新政府代表西郷隆盛－旧幕府代表勝海舟　※㋑動かす　　　彰義隊が上野で抵抗 → 壊滅
↓

戦線は北へ　新政府軍は東北諸藩の奥羽越列藩同盟（ex会津の白虎隊、越後長岡家老河井継之助）を破る
↓

旧幕府軍脱走艦隊司令長官榎本武揚（㋺留学）が箱館に入り五稜郭にたてこもる、新選組の土方歳三玉砕
↓

ついに榎本降伏、戊辰戦争終了

・五箇条の誓文＝「公議世論の尊重」と「開国和親」という新政府の基本方針を示し、天皇親政を神に誓う
起草　土佐福岡孝弟・越前由利公正　　修正　長州木戸孝允
一、広ク会議ヲ興シ万機公論ニ決スベシ
一、旧来ノ陋習（攘夷運動）ヲ破リ天地ノ公道ニ基クベシ

・五榜の掲示＝高札で全国の民衆に向けて告知、キリスト教は引き続き禁止された

・江戸 → 東京

『徳川禁令考』明治政府によって編纂された幕府の法制史料集

『通航一覧』幕府の外交史料

近世

近代・戦後

明治維新

① 中央集権制確立

　明治維新の最大の目的は中央集権制の確立。江戸幕府の地方分権制では欧米に勝てないから、明治維新をおこして一つにまとまった中央集権国家をつくる。そこで、新政府はまず1868年アメリカモデルの三権分立をとりいれた政体書を制定、69年版籍奉還を行い、旧大名を知藩事に任命した。そして依然旧藩に属していた税権と軍権を新政府に移すために71年薩摩・長州・土佐から組織した御親兵をバックに廃藩置県を断行（大区小区制）。財政的に破綻寸前の藩が多く、特に大きな抵抗なく事は運び、これによって知藩事は罷免されて強制的に東京居住となり、かわって中央から府知事・県令（→県知事）が派遣された。

　政府は中央集権化に成功すると、次に財政の安定を目指して、土地制度・税制の改革にのり出した。下準備として、まず江戸時代にだされた田畑勝手作りの禁令を解禁(71)、次いで田畑永代売買の禁令を解禁(72)、土地所有者に地券を交付し所有権を確認した。1873年地租改正条例公布、地券所有者が地価の3%を現金で納めるようになった。豊作凶作にかかわらず一律に貨幣で徴収され、政府の財政の基礎は固まった。しかし、税率が旧幕府時代と変わらず、また旧来の入会地の多くが官有地に編入されたため、これらの不満から各地で一揆がおき（堺・岐阜・三重・愛知・茨城）、ついに77年税率が2.5%に引き下げられた。

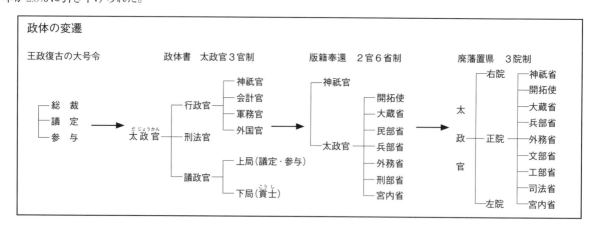

政体の変遷

・神祇官 → 神祇省 → 教部省 → 内務省
・小作料は依然現物で地主に納めた（物納）

② 明治の宗教政策

　政府は欧米列強のキリスト教に対抗するため、王政復古による祭政一致の立場から神仏分離令発布、神道を国教とする方針を打ち出し古代以来の神仏習合を禁じた。政府はさらに大教宣布の詔を発し神社制度や祝祭日を制定、神道の浸透をはかるも国教化には至らず。それによって全国で仏像などを破壊する廃仏毀釈運動がおこったが、浄土真宗の僧侶島地黙雷らの尽力によりおさまった。キリスト教に関しては五榜の掲示などで禁教政策が継続されたが、長崎でおきた浦上教徒弾圧事件（大浦天主堂）に対して列強から強い抗議を受け、73年政府はキリスト教を黙認。以後布教活動が積極化。明治のキリスト教教育者としては、クラークを招いた札幌農学校で学んだ内村鑑三・新渡戸稲造（『武士道』、国際連盟事務次長）や熊本で宣教師ジェーンズに学んだ海老名弾正（同志社社総長）などがいる。

・祝祭日 神武天皇即位の2/11を紀元節、明治天皇誕生日の11/3を天長節

・一世一元の制＝天皇一代の間は元号を変えない

・⑭宣教師フルベッキは長崎で大隈重信らを教授　禁教の継続は仏教界では井上円了、哲学界では井上哲次郎が主張

・教派神道＝幕末に興った個人を崇拝の対象とし、教団をもつ新興宗教

　　　　　ex中山みきの天理教(大和)　黒住宗忠の黒住教　川手文治郎の金光教

3 　殖産興業

　政府は、まず関所や助郷制、株仲間といった自由経済を妨げる旧来の制度を次々に撤廃。そして、工部省(70)が中心
となって、72年新橋・横浜間に鉄道が敷設され(⑯技師モレル、井上勝)、89年には東海道線(東京～神戸)が全通。また旧
幕府の佐渡金山・生野銀山、長崎高島・福岡三池の炭鉱、長崎造船所などを接収、官営事業として経営した。通信では前
島密の建議により、飛脚に代わる郵便制度が発足(※通信省、77万国郵便連合条約加盟)、ポスト設置や全国一律の料金
制度を導入した。海運では、政府は土佐出身の岩崎弥太郎が経営する三菱を保護した。一方で、政府は輸出の主力であっ
た生糸の生産拡大をはかるため、72年群馬県に官営模範工場としてフランスの技術を導入した富岡製糸場を設立(⑭技師
ブリューナ、士族の子女)。内務省(※73、初代内務卿大久保利通)も殖産興業に大きな役割を果たし、77年上野で第一回
内国勧業博覧会を主催し、国内の技術向上につとめた。また、通信技術に関しては、69年東京・横浜間に電信線がひか
れ、その後長崎・上海間に海底電線が架設され、77年電話も輸入された。

　北方開発では蝦夷地を北海道と改称して札幌に開拓使(69)をおき、⑱ケプロンの指導のもとアメリカ式の大農場制度
や畜産技術が取り入れられ、ビール製造も始まる。さらに⑱クラークを招いて札幌農学校を開校。また、屯田兵制度を
設けて開拓とあわせて北のロシアに対する備えとした。農業では駒場農学校、三田育種場を開設。貨幣制度では71年金
本位をたてまえとする新貨条例を定め、円・銭・厘を単位に十進法による新硬貨をつくったが、実際には開港場では銀貨
が、国内では紙幣が主として用いられた。72年渋沢栄一を中心にアメリカのナショナルバンクの制度にならって国立銀
行条例を定め、第一国立銀行などを設立し、維新直後に発行された太政官札、民部省札などの不換紙幣と引き換える兌換
銀行券の発行を試みたが、ただちに発行することはできなかった。

・お雇い外国人＝明治初期、欧米の学問・技術を導入するためヘッドハントされた外国人

・1881年に華族中心に設立された私鉄会社は日本鉄道会社
　　※91年上野・青森間全通、民営＞官営、政府は西南戦争や松方デフレによる緊縮財政で財政難

・東京と大阪に砲兵工廠設立

・三井・三菱などは政府と結びついて特権を与えられ、金融や海運などで独占的な利益をあげ「政商」とよばれた
　　1909年に設立された三井財閥の本社は三井合名会社、三菱は三菱合資会社

・内務省の殖産興業部門が分離され農商務省(81)に一元化、工部省は85年に廃止され鉄道・郵便部門は逓信省が継承

・国立銀行条例の「国立」とは国営ではなく国法に基づいて設立されるという意味、民間の普通銀行、銀行券との兌換
　が義務づけられたが銀行設立を促すため後にこの義務は撤廃される　※第1～第153まで設立

・北海道開発によってアイヌの習慣・伝統が失われ窮乏が進んだため、1899年北海道旧土人保護法制定(→1997年アイ
　ヌ文化振興法)

4 軍事警察

　廃藩置県とともに各藩の兵は解散されたが、一部は兵部省のもとで各地に設けられた鎮台に配備、反乱や一揆に備えた(後に対外出兵も可能な師団制になる)。近代的な軍制の創設をめざす政府は1872年の徴兵告諭に基づき、翌年国民皆兵を原則とする徴兵令を公布。これにより士族・平民の別なく、満20歳に達した男子から選抜して3年の兵役につかせる統一的な近代兵制が確立された。西南戦争後は、待遇に不満を持った近衛兵の一部がおこした竹橋事件を受けて82年西周・井上毅が軍人勅諭を起草し、天皇の統帥権、忠節などの徳目、軍人の政治関与の戒めが明示された。警察制度については、1871年東京に邏卒がおかれ、74年に東京に警視庁(川路利良)が設置されると巡査に改称された。統括は司法省から後に内務省にかわる。

- 兵部省は72年に陸軍省・海軍省に分離　　・ドイツ陸軍からメッケルを招聘

- 徴兵制度は長州の大村益次郎(村田蔵六)が構想、山県有朋が実現　※戸主・学生・官吏、代人料270円を払う者は
  兵役免除　これに反対して血税一揆(徴兵告諭に「血税」の文言)がおきた　※貴重な労働力が奪われ、負担が増える

- 軍政(人事や軍の予算編成等、平時)の長は陸海軍大臣、軍令(戦争の指揮、作戦の立案等、戦時)の最高機関として
  1878年に陸軍参謀本部、93年に海軍軍令部が設置、戦時の最高統帥機関は大本営

5 明治初期の外交

　外交問題では、幕府から引き継いだ不平等条約の改正が最大の懸案であった。1871年廃藩置県に目処がついた政府は岩倉具視(右大臣)を代表とする使節団を欧米に派遣したが、全く相手にされなかった。しかし新政府のトップが欧米列強の政治・産業を目の当たりにしたことで国の方針が明確になる。近隣諸国に対しては、清との間に対等条約(※お互いに治外法権を認める)である日清修好条規を結んだ(全権は⑪伊達宗成、⑳李鴻章、批准は73年外務卿副島種臣が行う)。琉球については、72年に琉球藩をおいて国王の尚泰を藩王としたが、宗主権を主張する清はこの措置を認めなかった(※江戸時代琉球は清に朝貢していた)。71年に台湾でおきた琉球漁民殺害事件の責任問題がもつれ、士族の強硬論におされた政府は、ついに西郷従道を司令官として台湾出兵を行った(征韓論争で政府が分裂し、険悪化した士族の不満を外征で解消する)。清はイギリスの調停(英公使ウェード)もあって、日本に賠償金を支払った。政府は79年に沖縄県設置を強行(一連の処置を琉球処分という)。この後、薩摩出身の奈良原繁が沖縄県知事につき、旧来の人頭税などを残しながらゆるやかな近代化をおこなう旧慣温存策を実施した。

　政府は朝鮮に国交樹立を求めたが、当時鎖国政策をとっていた朝鮮は日本の交渉に応じなかった。1873年、留守政府の薩摩西郷隆盛(陸軍大将)・肥前江藤新平(司法卿)・土佐板垣退助らは征韓論を唱えたが、帰国した岩倉具視・大久保利通らの強い反対にあって挫折、下野した(明治六年の政変)。75年、日本は軍艦雲揚を派遣し、朝鮮側を挑発して江華島事件をおこし、翌年不平等な内容の日朝修好条規(全権黒田清隆)が結ばれ朝鮮は仁川・元山開港。ロシアについては75年に樺太・千島交換条約(全権榎本武揚、黒田は樺太放棄を主張)が結ばれ北方諸島の国境変更。また小笠原諸島については日本の領有権が認められた。

- 内治優先が決定されたにもかかわらず台湾出兵を行ったことに反対して木戸孝允下野

- 元㊧大統領グラントが仲介し、先島諸島(宮古・八重山)を清に割譲する分割案を提案 → 不成立

- 万国博覧会　ロンドン(1862) ────────▶ パリ(67) ────────────────▶ ウィーン(73)
  　　　　　　オールコックが日本紹介　　　　　幕府参加(徳川昭武)　　　　　　　　岩倉使節団視察
  　　　　　　　　　　　　　　　　　　　　　北斎の浮世絵などが出品され
  　　　　　　　　　　　　　　　　　　　　　日本ブーム(ジャポニスム)がうまれる

6 四民平等と士族の反乱

　版籍奉還によって藩主と藩士の主従関係が解消され、藩主や公家を華族、藩士や旧幕臣を士族とした。さらに71年には解放令が出され、えた・非人の呼称が廃され平民となった。苗字が許され、通婚・移住・職業選択の自由が認められ、四民平等の世になった。政府は華族・士族に対し、藩にかわって家禄を支給し明治維新の功労者には賞典禄を与えた。これらはあわせて秩禄とよばれたが、その支出は国の総支出の30%を占めて大きな負担となった。そこで政府は1873年に希望者に対し秩禄の支給を止めるかわりに一時金を支給する秩禄奉還の法を定めたが効果がなかったので、76年にすべての受給者に対し秩禄数年分の金禄公債証書を与えて、秩禄を全廃した(一連の処置を秩禄処分とよぶ)。ここに、同年の廃刀令をあわせて士族はすべての特権を奪われた。彼らの中には金禄公債証書を元手に慣れない商売に手を出し、失敗して没落したものも少なくなかった(士族の商法)。政府は失業対策として屯田兵などの北海道開拓事業などをすすめたがうまくいかなかった(士族授産)。

　折しも、征韓論争で敗れた政府の要人が下野しており、不満を持つ士族たちに迎えられ、各地で政府に対する武装蜂起続発。74年江藤新平を首領として佐賀の乱、76年廃刀令に反対して熊本で敬神党(神風連)の乱、福岡で秋月の乱、山口で前原一誠を首領として萩の乱が相継いでおこったが、いずれも鎮圧された。士族の反乱で最大のものは、77年西郷隆盛を首領として、私学校生らの鹿児島士族を中心におこった西南戦争。政府は半年かけてこれを鎮圧、以後不平士族による反乱は収束した。反政府運動の主体は武力闘争から言論による自由民権運動へ転換される。

・このとき新たに壬申戸籍が作成された　　　　・西南戦争中に佐野常民が博愛社設立(→日本赤十字社)

7 文明開化

　富国強兵をめざす政府は、率先して欧米の思想、風俗、習慣をとりいれる文明開化政策を積極的に進めた。思想界では、それまでの儒教による考え方や古い習慣が時代遅れとされ、かわって自由・平等・個人主義などの西洋近代思想が流行した。欧米視察を行い慶応義塾を創設した福沢諭吉は「天は人の上に人をつくらず、人の下に人をつくらず」で有名な『学問のすゝめ』のほか、『西洋事情』や『文明論之概略』を著し、中村正直は『西国立志編』(スマイルズ『自助論』)や『自由之理』(ミル『自由論』)などの翻訳書を発表。「東洋のルソー」と称された中江兆民(岩倉使節団随行)は『民約訳解』のなかでルソーの社会契約論を紹介。これにより国民の考え方は大きく転換していった。専門教育としては、1877年に旧幕府の開成所・医学所を起源とする諸校を統合して東京大学設立。私学については慶応義塾や大隈重信の東京専門学校(現早稲田大学)、新島襄の同志社(キリスト教系の学校をミッションスクールという)、6才で岩倉使節団に随行した津田梅子の創設した津田英学塾などが設立され、特色ある学風を発揮した。また初代文相森有礼(英留学)の発議で、福沢諭吉、西周(蘭留学、『万国公法』)、津田真道(蘭留学、『泰西国法論』)、加藤弘之(初代東大総長)らが明六社(明治六年設立)を組織して『明六雑誌』を発行し、近代思想の普及につとめた。

・人は生まれながらにして自由平等であるという思想を天賦人権という、これについて加藤弘之が『人権新説』『国体新論』『真政大意』を著して自由民権派に批判を加えると、植木枝盛が『天賦人権弁』『民権自由論』、馬場辰猪が『天賦人権論』を著して反論

・本木昌造(長崎通詞)が鉛製活字の量産に成功し、雑誌や日刊新聞の創刊が相継ぐ

・文明開化の象徴　太陽暦(12/3→1/1、旧暦は太陰太陽暦)・ざんぎり頭・ガス灯・牛鍋・レンガ造り・鉄道馬車・人力車

・女性教育　成瀬仁蔵・広岡浅子の日本女子大学、新渡戸稲造の東京女子大学、吉岡弥生の東京女子医科大学
　　　　　　羽仁もと子の自由学園　ヘアスタイル束髪

近代2

1 自由民権運動から憲法発布について

	自 由 民 権 派		政 府
74	・征韓論争で敗れた板垣退助、後藤象二郎、江藤新平、副島種臣らは 東京に愛国公党を設立し、民撰議員設立の建白書を左院に提出 —— ► 「臣等伏シテ方今政権ノ帰スル所ヲ察スルニ、上帝室ニ在ラス、下人民ニ 在ラス、而シテ独リ有司(藩閥)ニ帰ス」 史料ブラックの『日新真事誌』 国民の意見を政治に反映させることを天皇が神に誓った五箇条の誓文が正 統性の根拠 板垣は土佐で片岡健吉らと立志社を組織	却下	政府も民主政治が理想と考え ているが、条約改正のために は諸制度の整備、富国強兵、 殖産興業が必要で、当面は強 力な君主権のもと政府主導で 近代化を進め、その間に民度 を高めていく
75	・大阪に愛国社設立 → 板垣の政府復帰で解散	・大阪会議で内務卿大久保利通が板垣退助、木戸孝允(台湾出兵に反対し下野) を政府に復帰させる → 漸次立憲政体樹立の詔が出され、立法の元老院(←左院)・ 司法の大審院を設置、さらに府知事・県令からなる地方官会議を開催 ・讒謗律・新聞紙条例で民権運動を取り締まる	
77	・立志社が国会開設を求める建白書を提出 —— ► しかし、立志社の一部が西郷軍に加わっていたことが発覚し、運動は下火に	却下	
78	・愛国社の再興により再び運動が盛り返す	(地方)三新法制定 1. 郡区町村編制法 2. 府県会規則 3. 地方税規則	
80	・愛国社が国会期成同盟に改称、請願書提出 —— ►	却下、集会条例制定 ・大蔵卿大隈重信は財政再建のため、工場払下げ概則を制 定し、官営工場の民間への払下げを決定するも進まず、酒造税	
81	・開拓使官有物払下げ事件発覚 —————————— ► → 開拓使長官黒田清隆が同じ薩摩出身の 政商五代友厚(関西貿易社)に官有物を安く譲っ た汚職が発覚 ・再び下野した板垣が自由党結成 フランス風 主義主権在民、農民の支持、三井と提携	明治十四年の政変 背景=大久保暗殺後(78、紀尾井坂の変)の路線対立 伊藤博文=国会慎重派、緊縮財政 大隈重信=国会早期開設派、積極財政 民権派の批判激化を受け1890年の国会開設を約束する 国会開設の勅諭が出される、早期開設派敗北、大隈罷免 結果=薩長藩閥政権確立、伊藤が憲法制定の主導権握る	
	・国会開設が決まり、憲法起草熱が高まる 福沢系交詢社『私擬憲法案』 立志社『日本憲法見込案』 土佐植木枝盛『東洋大日本国国憲按』※革命権 千葉卓三郎『五日市憲法草案』 政府系 元老院『日本国憲按』		
82	・下野した大隈が立憲改進党結成 イギリス風、主義立憲君主制 都市層の支持、三菱と提携、郵便報知新聞 ・松方デフレにより農作物下落 → 農民の生活が困窮 → 暴動に発展 福島事件=県令三島通庸が農民を酷使しようとして抵抗をうけ、農民を支援 した自由党員河野広中らを検挙 ※農民は自由党の支持基盤 高田事件(新潟) 土地を手放した農民に土地を貸し高額の 現物小作料をとる寄生地主がうまれる	・福地源一郎が保守的な立憲帝 政党を結成 ・板垣洋行の費用を三井からだ させ民権派の懐柔をはかる 立憲改進党が批判すると、自 由党も大隈と三菱の関係を 暴いて反撃

84	群馬事件　加波山事件(茨城) → 自由党解党 秩父事件＝困民党の暴動、軍隊出動、田代栄介処刑	・華族令＝爵位 公・侯・伯・子・男 　　　　　後の貴族院の基盤、男の世襲	
85	大阪事件＝民権運動家大井憲太郎・景山英子(『妾の半生涯』) 　　　らの朝鮮クーデター未遂事件	・内閣制発足 ← 太政官制	
86	・星亨・土佐後藤象二郎(この後裏切り黒田内閣 　に入閣)が「大同団結」を唱える	・憲法制定準備 ㉟ロエスレル、伊藤博文 　伊藤3羽ガラス 井上毅・伊東巳代治・金子堅太郎	
87	・三大事件建白運動　1. 地租軽減 　2. 言論集会の自由　3. 井上外交批判	・保安条例＝民権運動家の危険分子を3年間東京から追放 　　　ex星亨・片岡健吉・中江兆民・尾崎行雄	
88	・地方制度　㉟モッセ・内相山県有朋中心 　市制・町村制＝市長は内務大臣が選任、市会議員選挙有権者資格は25歳以上の男子で、直接国税2円以上の者 　府県制・郡制＝90、知事は政府が任命、府県会議員は市会・郡会の間接選挙で選出 ・天皇の要請を受け法令や条約など重要事項の審議を行う枢密院を設置(初代議長伊藤博文、憲法56条)		
89	・大日本帝国憲法発布(施行は90年)　　※国会開設が近づき自由党・立憲改進党復活		

・自由民権運動は、はじめ士族中心であったが松方デフレ以降はそれに農民が加わって展開された
　運動家 岸田俊子、沖縄謝花昇
・憲法調査のため伊藤博文が渡欧し君主権の強いドイツ(プロイセン)をモデルに、ベルリン大学のグナイスト
　ウィーン大学のシュタインから憲法講義を受け、帰国後宮中に制度取調局設置
・松方デフレ　※80年代前半

背景	西南戦争の戦費の捻出や国立銀行の兌換義務がなくなったことで不換紙幣が増発されインフレがおき、地租中心の政府財政が悪化
内容	大蔵卿松方正義、緊縮財政、軍事費以外の支出を節減、82年中央銀行として日本銀行を設立して不換紙幣を回収、85年に銀本位制確立、また工場払下げ概則が撤廃され民間への払下げが進む、酒造税・煙草税新設 富岡製糸場・三池炭鉱 → 三井　　　　高島炭鉱(最初は後藤象二郎)・佐渡金山・生野銀山・長崎造船所 → 三菱 足尾銅山・秋田院内銀山 → 古河　　　浅野総一郎の深川セメント　　　川崎正蔵の兵庫造船所
結果	貨幣価値安定、1886~89年には「企業勃興」といわれる会社設立ブームがおこる。三菱と三井系の共同運輸会社が合併して日本最大の日本郵船会社がうまれ、インドへのボンベイ航路(※93、綿花輸入)や北米航路(※生糸輸出)などを開いた。政府も1896年造船奨励法、航海奨励法(ノット)を制定して支援。特殊銀行である横浜正金銀行が貿易金融にあたる。日本興業銀行は産業資本の長期融資を行い、日本勧業銀行は農工業の長期貸付を行う　　※マイナス面は農民の窮乏から暴動へ発展、戦前の小作地率約50%

2　大日本帝国憲法と諸法典

　大日本帝国憲法は、天皇が定めて国民に与える欽定憲法であり、天皇には宣戦・講和・緊急勅令・統帥権の独立といった天皇大権が与えられていた。政府の権限は現在より弱く、各国務大臣の任免権は総理大臣ではなく天皇にあった。帝国議会は対等の権限を持つ衆議院(予算先議権あり)と貴族院(※皇族華族の世襲議員、学者・多額納税者の勅選議員)からなっていた。民意を代表する衆議院は、種々の制限がかせられていたが、議会の協賛(同意)がなければ予算(64条)や法律(37条)は成立しなかったので、予算案・法律案の審議を通じて政党の政治的影響力がしだいに増大(※民権派は、欽定憲法であったが、公選である衆議院を通して公然と政治に関与する道ができたことを喜んだ)。憲法上「臣民」とよばれ

た国民は、法律の範囲内で信教・言論・出版・結社の自由を認められ、兵役と納税の義務が課せられた。また、皇位継承などを定めた皇室典範（こうしつてんぱん）が制定されたが公布はされなかった。このほか、諸法典の編纂も行われ、特に民法は⑭ボアソナードを中心に起草が進められた。梅謙次郎（うめけんじろう）らは個人主義・男女平等的なボアソナード民法を支持したが、保守派の穂積八束（ほづみやつか）らが「民法出デテ忠孝亡ブ」と反発し、民法実施は延期された。その後、戸主権（こしゅけん）（男性長子の権限）を重視した新民法が公布施行される。

・1条「大日本帝国ハ万世一系ノ天皇之ヲ統治ス」　3条「天皇ハ神聖ニシテ侵スヘカラス」

・天皇は元首として統治権を総攬（そうらん）するも、責任が及ばないよう独断で行使することはできなかった
「君臨すれども統治せず」　天皇に対して議会は協賛、国務大臣は輔弼、内大臣（天皇御璽・国璽の保管）は常侍輔弼（じょうじほひつ）
参謀本部・海軍軍令部は帷幄上奏（権）（いあくじょうそう）
国務大臣は天皇に対して責任を負う（※天皇が任免、現憲法は総理大臣が任免）、内大臣・宮内大臣は閣外

・六法　→　憲法、民法、商法、民事訴訟法、刑法、刑事訴訟法
商法＝ロエスレル　　刑法＝ボアソナード、法律の規定がないと処罰できないという罪刑法定主義に基づく、
皇室に対する大逆罪（たいぎゃく）・不敬罪（ふけい）、姦通罪（かんつう）

・諸法典の流れ　70新律綱領　→　刑法・治罪法　※条約改正（治外法権撤廃）に必要不可欠　→　89憲法・皇室典範
→　90刑訴法（←治罪法）・民訴法　　商法・民法典論争　→　98修正民法、99修正商法

・内閣総理大臣は明治維新において抜群の功績のあった首相経験者などからなる天皇の最高顧問元老（法的根拠はない）
の推薦により、天皇が任命　㊧伊藤博文・山県有朋・井上馨・桂太郎　　　㊨西園寺公望
㊤黒田清隆・松方正義・西郷従道・大山巌（いわお）（陸軍、日露戦争の満州軍総司令長官）

③　条約改正

岩倉具視	欧米を歴訪、予備交渉を行うが全く相手にされない
寺島宗則	78年税権回復をはかる　→　㊧が賛成するも、㊨㊤が反対して失敗
井上馨（かおる） 初代外相	外国人裁判における半数以上の外国人判事の任用や日本国内を開放する内地雑居を認める代わりに法権を回復しようとするが、ノルマントン号事件で国民は法権回復を痛感、鹿鳴館建設などの極端な欧化政策に対する批判もおこり（三大事件建白運動）辞任
大隈重信 黒田内閣	国別交渉に切り替え　㊧㊤㊨が改正条約に調印するも、その条件として大審院に外国人判事を任用することをロンドン・タイムズが暴露　→　89年対外強硬派の玄洋社（げんようしゃ）（頭山満中心、右翼団体）の来島恒喜（くるしまつねき）に爆弾を投げつけられ負傷、辞任
青木周蔵（しゅうぞう）	㊧がシベリア鉄道（モスクワ～ウラジオストク）を計画して東アジア進出をはかる㊤を警戒、条約改正に応じる態度を示す しかし、91年日本に訪問していたロシア皇太子ニコライ2世を巡査津田三蔵が切りつける大津事件がおき引責辞任、榎本武揚（えのもとたけあき）が後継 政府は津田を死刑にしようとしたが大審院長児島惟謙（こじまいけん）はこれに反対、合法的な無期懲役に処し法の独立を守る
陸奥宗光 ②伊藤内閣	94年日清戦争直前にイギリスと日英通商航海条約締結、治外法権（領事裁判権）の撤廃に成功（駐英公使青木周蔵）、相互対等の最恵国待遇を認め合う、税権も一部回復　　　著作『蹇蹇録（けんけん）』
小村寿太郎	1911年日米通商航海条約改正、関税自主権回復

明治政治史

伊藤博文内閣……長州、1885

黒田清隆内閣……薩摩、大隈外相襲撃を受け総辞職

★
明治の総理大臣

イ	ク	ヤ	マ	イ	マ	イ	オ	ヤ	イ	カ	サ	カ	サ
伊藤	黒田	山県	松方	②伊藤	②松方	③伊藤	大隈	②山県	④伊藤	桂	西園寺	②桂	②西園寺

・大日本帝国憲法発布(89)　政府の政策は政党の意向に左右

　されないという超然主義を宣言 → しかし憲法上法律・予算は議会の協賛(同意)が必要なため、実行不可能

・衆議院議員選挙法制定　選挙権＝満25歳以上の男子で直接国税15円以上の者　　全人口の1％

　被選挙権は30歳　最初の衆院選は北海道1903、沖縄1912

山県有朋内閣……長州、陸軍

・第1議会　政府(吏党ex国民協会)は主権線(日本本土)だけでなく「利益線(朝鮮半島)」防備のため軍備増強主張

　　　民党(自由・立憲改進)は「政費節減・民力休養」で真っ向から対立　171/300過半数を得る

　　　山県首相は自由党土佐派の一部を買収してかろうじて予算成立

松方正義内閣……薩摩、大津事件

・第2議会　政府は海相樺山資紀の蛮勇演説で民党に圧をかける → 民党が予算削減案可決 → 政府衆議院解散

　　　　→ 総選挙にて内相品川弥二郎の激しい選挙干渉 → それでも民党の優勢は崩れず退陣

②伊藤博文内閣……大物藩閥政治家を擁す「元勲内閣」ex外相陸奥、内相井上、司法相山県、逓信相黒田

・軍事予算をめぐる政府と民党の争いは天皇自らが宮廷費の一部を軍艦建造費にあてるとする「和衷協同の詔勅」
　で解消

◇朝鮮問題から日清戦争

　朝鮮では1882年、大院君(国王高宗の父)らが国内の親日勢力の排除を試みた(壬午事変)。日朝間に済物浦条約が結ばれたが、以後朝鮮は保守派の事大党主導で清への依存を強める。これに対し、日本と結んで朝鮮の近代化をはかろうとした金玉均らの独立党は清仏戦争を機に甲申事変をおこすが、清の介入により失敗。悪化した日清関係を改善するために⑭伊藤と李鴻章の間で、両軍の朝鮮からの完全撤兵や今後の出兵の際の相互連絡などを定めた天津条約が結ばれた。2回の事変を経て清・朝鮮に対する日本の世論は急速に悪化。こうした中で福沢諭吉が『時事新報』の社説で「脱亜論(脱亜入欧)」を発表し、アジアの協調・連帯を否定し、清・朝鮮に対しては武力をもってあたることが主張された。

　1894年朝鮮で東学党の乱(甲午農民戦争)がおこると日清両国は朝鮮に派兵した。その後両軍はしだいに対立を深め、ついに日清戦争がはじまった。戦争はイギリスの支持のもと軍隊の装備・制度・規律に勝る日本優位にすすみ(豊島沖海戦、威海衛占領)、日本の圧勝に終わった。翌年⑭伊藤・陸奥宗光と⑭李鴻章の間で下関条約が結ばれた。その内容は
(1)清は朝鮮の独立を認め、(2)遼東半島・台湾・澎湖諸島を日本に譲る、(3)賠償金2億両(※当時の日本円で3億1000万)を日本に支払う。(4)沙市・重慶・蘇州・杭州開港。しかし、遼東半島の割譲は満州に利害をもつロシアを刺激、ロシアはフランス・ドイツとともに同半島の返還を日本に要求した(三国干渉)。日本はこれを受け入れたが、ロシアに対する敵意が増大し、「臥薪嘗胆」を合い言葉に軍備増強につとめた。国内では政党と政府の連帯がうまれ、自由党は政府を公然と支持、板垣退助が内相として入閣。台湾については樺山資紀が台湾総督につき、その後を継いだ児玉源太郎のもとで後藤新平が土地調査を行ったり、製糖業を振興したりするなど台湾の民政に力を入れた。

・1889年に朝鮮は防穀令を発布し、大豆・米の対日輸出を一方的に禁じた

②松方正義内閣

- ・進歩党(旧立憲改進党)と提携し、大隈重信が外相として入閣
- ・日清戦争の賠償金をもとに貨幣法を定め金本位制を確立(97)

③伊藤博文内閣

- ・政府は対露戦にむけ地租増徴を試みる → 第1議会から地租軽減を要求してきた自由党・進歩党は大反発
  - → 合併して憲政党を結成、絶対多数を持つ政党が出現し内閣退陣

大隈重信内閣……肥前、憲政党

- ・板垣退助を内相とし、「隈板内閣」とよばれる、最初の政党内閣だったが共和演説事件で文相尾崎行雄が辞職し(「仮に日本で共和政治が行われたら三井・三菱が大統領の有力候補になる」と金権政治を批判)、後任の犬養毅をめぐって対立が生じ内閣退陣、憲政党は自由党系憲政党と進歩党系憲政本党に分裂

②山県有朋内閣……1900、反政党

　　憲政党と提携し、地租を2.5%から3.3%に引き上げる。また政党の影響力が官僚や軍に及ぶのを防ぐため、文官任用令を改正し、現役の大将・中将以外は陸・海軍大臣になれないとする軍部大臣現役武官制を制定した。また治安警察法を制定し労働運動を取り締まった。有権者の納税資格を10円に引き下げたが、これら一連の政策に不満を持った憲政党は一旦解党し、伊藤博文を総裁として立憲政友会を組織した。

　　その頃、中国では「扶清滅洋」を唱える義和団が北京の列強(英米仏独露日など)の公使館を包囲し、宣戦布告する北清事変がおこった。平定後、北京議定書が結ばれ、列強は北京駐兵権をえる。この鎮圧の主力となったのが日本軍で「極東の憲兵」と評された。また、この鎮圧に参加したロシア軍はその後満州を事実上占領、満洲におけるロシアの勢力拡大は陸続きの朝鮮半島に権益をもつ日本に脅威となる。

- ・幸徳秋水は『万朝報』の中で「自由党を祭る文」を発表し、自由党の後身の
  憲政党が結成以来対立していた藩閥と妥協したことを批判した。
- ・中国分割　背景 ＝日清戦争により清の弱体化が明らかになった
  - 英九竜半島・威海衛　　仏広州湾(広東)　　独膠州湾(山東半島)
  - 露満州、旅順・大連(遼東半島)　　米ハワイ併合、フィリピン領有
  - 帝国主義＝列強の軍事力を背景とした植民地獲得競争

④伊藤博文内閣……立憲政友会総裁

- ・幸徳秋水・片山潜(モスクワで死去)・木下尚江(『火の柱』)・安部磯雄らに
  より日本初の社会主義政党社会民主党が結成されるが、治安警察法に
  より即解党

桂太郎内閣……長州、陸軍

　　日清戦争後、列強はこぞって中国への進出を活発化させた。アメリカは従来モンロー宣言で他国への干渉を避けていたが、国務長官ジョン＝ヘイが「門戸開放・機会均等」を唱え、中国への進出をはじめた。ロシアは三国干渉で返還された遼東半島を事実上占領し、旅順を一大軍港とした。日英はシベリア鉄道を着工させて東アジアへの南下政策をとるロシアに対抗して、1902年日英同盟(協約)を結んだ(VS 1国→中立、VS複数→参戦)。

　　日清戦争後ロシアに対する敵意は増大し、東大教授の戸水寛人ら東大七博士や対露同志会は主戦論を展開。一方、

反戦論派としては、キリスト教的立場から反対した内村鑑三、『平民新聞』で社会主義の立場から反対を示した幸徳秋水（こうとくしゅう）（『万朝報』退社）・堺利彦。反戦文学としては与謝野晶子「君死にたまふこと勿れ（なか）」、大塚楠緒子（なおこ）「お百度詣（もう）で」が有名。日本の世論は大勢として開戦に傾き、1904年国民的熱狂の中で日露戦争がはじまる。戦局は旅順や奉天での戦いや日本海海戦などで勝利をおさめた日本の優勢で進み、05年㊟大統領セオドア＝ローズヴェルトの仲介で⑪小村寿太郎、㊟ウィッテの間でポーツマス条約が結ばれた。

　その内容は(1)韓国に対する日本の指導・監督権を認める、(2)旅順（だいれん）・大連(一帯を関東州)の租借権、長春（ちょうしゅん）以南の鉄道利権(ロシアが満州に敷設した東清鉄道の一部)をえる、(3)北緯50度以南の樺太を日本がえる、(4)賠償金ゼロ　(2)について、日本は半官半民の南満州鉄道株式会社(「満鉄」、本社は大連)を設立して満州経営に乗り出し、統治機関として旅順に関東都督府設置(※1919年に行政担当の関東庁と軍事担当の関東軍に分立)。(4)については多大な犠牲、増税による生活苦に耐えてきた国民の怒り爆発、講和反対派の暴動がおき(日比谷焼打ち事件)、政府は戒厳令を出してこの事態を収拾した。

・政府内では対露政策をめぐって対立、伊藤博文・井上馨は「満韓交換」を行う日露協商論を唱えたが、
　山県有朋・桂太郎はイギリスと結んで実力で朝鮮権益をまもる対露強硬論を唱えた

・黒岩涙香（くろいわるいこう）は『万朝報（よろずちょうほう）』で、徳富蘇峰は『国民新聞』で主戦論展開

・陸軍　大山巌　児玉源太郎　乃木希典（まれすけ）　明石元二郎（もとじろう）　　　海軍　東郷平八郎　秋山真之（さねゆき）

・日露戦争後、満州市場に関心を持つアメリカは、鉄道王ハリマンに満鉄の日米共同経営を持ちかけさせたが、日本政府はこれを拒否、このため日米関係は急速に悪化しサンフランシスコでは日本人学童排斥事件がおこった（黄禍論（こうか））このため日本はロシアとの関係回復を試み4次にわたって日露協約を結ぶ

・初代満鉄総裁で、内相、外相を歴任し、後に関東大震災後の東京復興運動にあたったのは後藤新平

◇韓国併合までの日朝関係

1895	駐韓公使三浦梧楼（ごろう）が親露政策をとる閔妃（びんひ）を殺害し、親日政権を樹立しようとしたが失敗
	高宗はロシア公使館に逃れ親露政権うまれる
97	朝鮮はロシアの支援を得て日本に対抗、国号を大韓帝国にあらためる
1904	日韓議定書＝韓国内での軍事行動の自由を得る
	第1次日韓協約＝韓国政府に日本の財政・外交顧問を設置
05	日露戦争後、第2次日英同盟を結び日本の韓国保護権を認める代わり適用範囲をインドまで拡大(11年に第3次を結び㊟対象外に)　　桂・タフト協定を結んで日本の韓国保護権と㊟のフィリピン統治を承認しあう
	第2次日韓協約(＝韓国保護条約)＝韓国の外交権を奪う　※㊟㊟承認　　　　日本は外交の窓口統監府（とうかんふ）設置(伊藤博文)
07	ハーグ密使（みっし）事件＝万国平和会議にて韓国政府が日本の行動を暴露するも、国際社会は日本の行動を黙認
	韓国皇帝高宗を退位させる(→純宗即位)
	第3次日韓協約＝韓国の軍隊を解散し、内政権を奪う
	解散させられた元兵士の一部を中心に、植民地化に抵抗する義兵運動おこる
09	伊藤博文がハルビンで安重根（あんじゅうこん）に暗殺される
10	韓国併合(条約)＝韓国を植民地として朝鮮総督府をおき、寺内正毅（てらうちまさたけ）が初代朝鮮総督に就任、漢城(ソウル)を京城に改称
	土地調査事業が行われ、朝鮮開発のために東洋拓殖（たくしょく）会社が設立される

西園寺公望内閣……公家、立憲政友会総裁、岩倉具視の一番弟子、立命館創設、リベラル系

・最初の合法的社会主義政党として日本社会党が結成される

・鉄道国有法制定＝戦時の機密保護、日露戦争における外債のため民営鉄道が買収され鉄道の90%が国有化

・帝国国防方針＝今後の目標、陸軍は師団増設、海軍は八・八艦隊（戦艦8隻、装甲巡洋艦8隻）→ 財政難で難航

②桂太郎内閣……日露戦争後の国内の引き締め　韓国併合 関税自主権回復

・国民道徳強化　日露戦争勝利による国民の気の緩みを引き締め、個人主義的風潮や社会主義思想を戒めるため
　　　　　　　戊申詔書を発し勤勉・倹約、国民の一体感強化をはかる
　　　　　　　内務省中心に地方改良運動を行い日露戦争の負担で疲弊した町村財政を立て直し、地方に若者のため
　　　　　　　の青年会、リタイアした軍人団体である帝国在郷軍人会を組織

・大逆事件＝1910、幸徳秋水・管野スガ（内縁の妻）らの社会主義者・無政府主義者を検挙、処刑
　　　　　　特高（特別高等警察）とよばれる思想警察が東京に置かれる → 社会主義は「冬の時代」をむかえる
　　　　　　徳冨蘆花『謀叛論』で政府批判

・工場法発布＝わが国初の労働者保護法、労資の対立による社会の不安定化を危惧、労働条件の改善をはかる
　　　　　　　最低年齢12歳、子ども・女性の限度12時間・深夜労働禁止（条件付き14時間認める）、適用は15人以上
　　　　　　　施行は②大隈内閣

②西園寺公望内閣……明治天皇崩御(12.7)、大正天皇即位

　　1911年中国で孫文（三民主義、東京で中国同盟会結成）を中心として辛亥革命がおこり清滅亡、中華民国成立。陸軍
は不安定になった中国情勢に備えて朝鮮に2個師団増設を迫る。しかし、内閣は財政難からこの要求を退ける。このた
め陸相上原勇作が単独辞任し、その後陸軍が後任の陸相を推薦しなかったため、組閣不能（※軍部大臣現役武官制）で内
閣は退陣した。

大正・昭和政治史

③桂太郎内閣

★ 大正・昭和総理大臣

カ	ヤ	オ	テ	ハ	ダ	カ	、	ヤ	キ	カ	タ	ワ	カッタ	、	ハ	ワ	イ	サ	オ……
③桂	②山本	オ大隈	寺内	原	高橋	加藤友		②山本	清浦	加藤高	若槻	田中	浜口		②若槻	犬養	斎藤	岡田	

憲法学者美濃部達吉が『憲法講話』のなかで、天皇は国家の最高機関で憲法に基づいて統治権を行使するとする天皇機関説を唱え、国民主体の風潮がひろがる → 陸軍が②西園寺内閣を退陣させ、陸軍出身で内大臣についたばかりの桂を大正天皇の勅語で首相にたてたことに対し、立憲政友会の尾崎行雄(「憲政の神様」)や立憲国民党(憲政本党系)の犬養毅らが「宮中・府中(政府)の区別を乱す」として「閥族打破・憲政擁護」を唱え、第一次護憲運動おこる → 桂は立憲同志会を組織してこれに対抗しようとするが、結局退陣に追い込まれた(大正政変)

尾崎「彼等ハ(※藩閥)玉座ヲ以テ胸壁トナシ、詔勅ヲ以テ弾丸ニ代ヘテ政敵ヲ倒サントスルモノデハナイカ」

山本権兵衛内閣……薩摩、海軍

立憲政友会と提携、軍部の影響を抑えるため軍部大臣現役武官制を改正して予備役(引退)の軍人の就任を可能にしたが(※しかし実際に選出された例はない)、海軍の汚職シーメンス事件(14)が発覚して退陣。

②大隈重信内閣……立憲同志会(※党首の加藤高明が外相)の支持のもと総選挙で勝利すると2個師団増設案を可決、

腹心は小野梓、文相高田早苗

◇第一次世界大戦

「ヨーロッパの火薬庫」バルカン半島でおきたサラエボ事件を機に、1914年ドイツ・オーストリア・イタリアの三国同盟とイギリス・フランス・ロシアの三国協商に分かれて空前の大戦がはじまる。日本は日英同盟を口実にドイツに宣戦し、山東省(青島)のドイツ権益を占領、地中海には輸送船護送の戦艦を派遣。さらに大戦のためヨーロッパ諸国が中国問題に介入する余力がないことにつけこんで中国権益の拡大をはかり、15年中国の袁世凱政府に二十一ヵ条の要求をつきつけた。内容は1号山東半島のドイツ利権の継承、2号旅順・大連、南満州鉄道の99年間の租借延長、3号中国の製鉄会社、漢冶萍公司の日中共同経営を提唱、4号福建省不割譲の確認(台湾に近いから)、5号日本人を中国政府の顧問にすること。最終的に日本は5号以外を受諾させた。

第一次世界大戦によって日本にもたらされた好景気が大戦景気。世界的な船舶不足から日本に注文が殺到し鈴木商店(金子直吉)などの船成金がぞくぞくと生まれた。鉄鋼業でも官営の八幡製鉄所や満州の鞍山製鉄所(1918、撫順炭鉱)がフル回転した。

・戦争は軍事力だけでなく、経済力や工業力も含め国民を全面的に動員する総力戦の時代に入る

・二十一ヵ条の要求の5号は「希望条項」として秘密にしていたため英米から強い警告をうけた

　中国では受諾した5/9を国恥記念日とよぶ

・大戦景気

　1. 11億の債務国から27億の債権国になった　　2. 工業生産額が農業生産額を超えた

　3. 東京・猪苗代間の送電実現、工業原動力が蒸気から電力へ移った　※水力発電

　4. ドイツからの輸入が途絶えて薬品などの化学工業勃興、理化学研究所(理研)設立　※初代所長大河内正敏

　5. 金本位制を停止し金輸出を禁じる　　6. 戦後、ヨーロッパ復興により日本で戦後恐慌がおこる

　※わが国は世界3位の海運国に、工場労働者150万、井上馨「天佑」

寺内正毅内閣……長州、陸軍

・超然主義に反対して、立憲同志会などが合同し憲政会を結成
　吉野作造が論文「憲政の本義を説いて其有終の美を済すの途を論ず」(『中央公論』掲載)で天皇主権の大日本帝国憲法
　を前提としながら、国民の利益と幸福のために、また国民の意向に基づいて行う政治の実現(普通選挙、政党政治)を
　説く民本主義を唱え、美濃部の天皇機関説とともに大正デモクラシーの理論的支柱となる

・中国問題　石井・ランシング協定(石井菊次郎)が結ばれ、日本の山東省権益が承認される
　　　　　　政府は中国の段祺瑞政権に多額の借款を行うが(西原亀三の西原借款)、段が失脚して借款はパアに

・ロシアで1917年にロシア革命がおき、レーニンを指導者としてソヴィエト政権誕生。政府はこれを好機と見て、
　北満州の権益拡大を狙い、チェコスロバキア軍救援の名目で、社会主義を危険視する列国とともにシベリア出兵(18
　〜22)を行った。日本軍や民間人多数がロシア人主体の抗日ゲリラに殺害される尼港事件がおこり、撤兵が遅れる
　国内では大戦景気で工場労働者が増え米の需要増、そんななか出兵を見込んだ商人が米を買占め米価が急騰 → 富山
　県の主婦達がおこした米騒動が全国に広がり(「越中女房一揆」)、内閣は総辞職

原敬内閣……岩手、立憲政友会総裁

・本格的政党内閣 → 陸海外相以外の閣僚が政友会(外相は内田康哉)、原は衆議院議員、①大隈内閣の時大隈は議員
　　　　　　　　　　ではない
　爵位を持たない「平民宰相」として国民の支持を得るが、ロシア革命のような大衆運動により社会が破壊される危
　険性を鑑み、普通選挙の導入には慎重、より民意を反映しやすい小選挙区制導入や有権者の納税資格を3円に引き下
　げるにとどめる
　大戦景気を背景に鉄道拡充(鉄道院→鉄道省)、私大設置を認める大学令発布などの積極政策、総選挙で大勝

・外交　パリで第一次世界大戦の講和会議、ヴェルサイユ条約締結　全権西園寺公望・牧野伸顕(大久保利通の次男)
　　　　「民族自決」の原則も山東省権益、二十一カ条の要求の有効性が承認 → 中国調印拒否、五・四運動おこる
　　　　朝鮮も独立が承認されず三・一独立運動おこる → 朝鮮総督府(斎藤実)は弾圧 → 統治の改善(文化政治)
　　　　憲兵警察廃止、総督の資格を文官まで拡大、京城帝国大学設立　柳宗悦が民芸運動展開
　　　　アメリカ大統領ウィルソンの提唱で国際連盟成立(本部ジュネーブ)　常任理事国日英仏伊、米ソ独不参加
　　　　日は世界に先駆けて人種差別撤廃案を提出したが、ウィルソンらの反対により廃案
　　　　日本はこのほか赤道以北の旧独領南洋諸島(マリアナ・カロリン・サイパン等)の委任統治権を獲得し南洋庁設置
・大戦景気を背景に大型公共事業が急増、政党政治の汚職に憤慨した青年に東京駅で刺殺される

高橋是清内閣……立憲政友会総裁

◇ワシントン会議　米大統領ハーディング提唱、日本全権 海相加藤友三郎・駐米大使幣原喜重郎
　目的＝軍拡による財政悪化を防ぎ、東アジアでの日本の膨張を抑える　ワシントン体制

　・四カ国条約＝日米英仏、太平洋問題について → 日英同盟の破棄

　・九カ国条約＝山東権益の中国返還 → 石井・ランシング協定破棄　※イイポチアベフジオ

　・ワシントン海軍軍縮条約＝主力艦制限、10年建造禁止　英米5：日3：仏伊1.67
　　　　　　　　　　　　　　 → 対英米7割を主張する海軍の反対を押し切り調印、批准

74

加藤友三郎内閣……海軍　山梨半造陸相による軍縮　※在任中に病死

②山本権兵衛内閣……普通選挙に賛成であったが、短命

・関東大震災＝1923、関東一円が焦土と化し政府は戒厳令をだす、震災恐慌、大混乱の中で無政府主義者の大杉栄が
　　　　　　　　憲兵甘粕正彦らに殺され、流言から多くの朝鮮人が殺害された、労働運動も弾圧（亀戸事件）

・虎の門事件＝無政府主義の難波大助が摂政宮（昭和天皇）を狙撃した暗殺未遂事件、内閣総辞職

清浦奎吾内閣……貴族院出身、政友本党（原敬の後継を巡って政友会をでた床次竹二郎）の支持

・超然主義の立場をとり普通選挙にまったく理解を示さなかったためついに第二次護憲運動がおこり退陣

　　護憲三派＝1.加藤高明の憲政会　　2.高橋是清の立憲政友会　　3.犬養毅の革新倶楽部

加藤高明内閣……憲政会、1925　外相幣原喜重郎の協調外交　宇垣一成陸相による軍縮　※在任中に病死
　　　　　　　　以後犬養内閣まで、衆議院で多数を占める政党が内閣を担当する、あるいは第一党総辞職後は第二党に交替
　　　　　　　　する民主主義的慣例（制度的保障はない）「憲政の常道」が続く

　　幣原外交＝米英とは軍縮などで歩調を合わせ協調していく、中国に対しては内政不干渉、ソ連とも国交を結びシベ
　　　　　　　リア（北樺太）から完全撤兵

・普通選挙法成立＝第二次護憲運動で普通選挙実施を掲げて勝利、直接国税制限の撤廃（25歳以上の男子）
　　　　　　　　　全人口の20％　※日露戦争後、衆議院を通過したが貴族院で否決されていた
　　　　　　　　　黒田15円㊐選挙制 → ②山県10円㊗ → 原3円㊐ → 加藤高0円㊉

・日ソ基本条約締結＝㊟㊧と溝ができソ連と国交樹立

・治安維持法成立＝国体の変革（天皇制打倒）、私有財産制の否定を目論む結社を組織した者または加入した者を処罰
　　　　　　　　　ソ連との国交樹立による共産主義思想の普及や社会主義勢力の政治力拡大を抑える

若槻礼次郎内閣……憲政会　※大正天皇崩御、昭和天皇即位

・中国で孫文の中国国民党を引き継いだ蒋介石が中国統一をめざし、国民革命軍を率いて広東から北上を開始（北伐）
　政府は外相幣原の協調外交から対中不干渉の立場をとった
　　　　　　　　　　　↓
　関東大震災後の震災手形の処理を行うなか、蔵相片岡直温が東京渡辺銀行の経営悪化を暴露、取付け騒ぎがおこり
　銀行の休業続出（金融恐慌）、華族系の十五銀行休業
　　　　　　　　　　　↓
　内閣は緊急勅令で鈴木商店への巨額の融資が焦げついて危機的経営におちいった台湾銀行を救済しようとしたが、
　北伐による中国権益の被害を案じ、内閣の協調外交に不満を持つ枢密院（伊東巳代治）の了承を得られず内閣総辞職

田中義一内閣……長州、陸軍、立憲政友会(革新倶楽部が合流)総裁、自ら外相を兼任し対中強硬政策を展開

・内政　高橋是清を蔵相にむかえ3週間のモラトリアム(＝支払猶予令)を発し金融恐慌を収拾

　　　　野党になった憲政会は政友本党と合併して立憲民政党を組織

　　　　社会・共産主義運動弾圧　第1回普通選挙で合法的な無産政党(「社会主義」と大っぴらに称することが

　　　　はばかられる情勢だった)である労働農民党(杉山元治郎)などが8名当選

　　　　→ 政府危機感 三・一五事件で共産党員の大検挙(28) → 治安維持法に死刑を加え(緊急勅令で制定)全国に

　　　　特高を設置 → 四・一六事件で再び共産党員の大検挙(29)

　　　　山本宣治は治安維持法に反対、刺殺される

・パリ不戦条約調印＝1928、国策の手段としての戦争放棄を約す(前年、補助艦制限を取り決めるジュネーブ海軍軍縮

　　　　　　　　　条約は決裂)、日本では条約文中の「人民ノ名ニ於テ」が枢密院で問題化、この部分は日本には

　　　　　　　　　適用されないとして批准　全権は元外相、内田康哉　※欧米に対しては協調外交

・中国問題

　　中国で蔣介石が南京に国民政府を樹立、さらに北伐を進める

　　　　　↓

　　内閣は東方会議で中国における日本権益を実力で守る方針を決定、これにより政府は在華邦人の生命・財産をまも

　　るため3次にわたり出兵(山東出兵) → 国民革命軍と日本軍の間で武力衝突がおきた(済南事件)

　　在華紡＝上海や山東につくられた日本資本の紡績工場

　　　　　　　上海のストライキから大規模な反帝国主義運動へ(五・三〇事件)

　　　　　↓

　　親日的な軍閥 張 作霖は蔣介石の国民革命軍に敗北、大陸進出の急先鋒となっていた関東軍の一部には満州を直接支

　　配するという考えが台頭 → 関東軍の河本大作らは独断で張を奉天郊外で列車ごと爆殺(黒幕はソ連?)、当時事件

　　の真相は国民には知らされず「満州某重大事件」とされた → 昭和天皇激怒、内閣退陣

浜口雄幸内閣……立憲民政党、「ライオン宰相」、スローガン「産業合理化」

・金(輸出)解禁(1930.1)＝蔵相井上準之助、為替相場の安定による貿易振興をはかるため金本位制復活

　　　　　　　　　　　　アメリカ発の世界恐慌(1929.10)が広がる中で実施　※大蔵省はすぐおさまると考えていた

　　　　　↓

　　二重の不況　1. 金解禁にむけての緊縮財政による不況　2. アメリカへの生糸輸出激減、繭価暴落による不況

　　　　　↓

　　東北では大凶作、欠食児童・娘の身売り、都市では企業倒産・失業者増大　昭和恐慌におちいる

　　　　　↓

　　政府は重要産業統制法を制定してカルテル(※価格協定)結成を容認、国際競争力をつけるため大企業を強化

　　5大銀行　三井・三菱・住友・安田(安田善次郎)・第一(渋沢栄一)

　　　　　↓

　　日本社会の世相の変化＝政治家や財閥に対する不信がうまれ、国民の間に軍部政権樹立の期待が高まる

　　軍人が関与するクーデター(武力によって政権を奪うこと)事件が続発

　　　三月事件＝橋本欣五郎が中心の秘密結社桜会のクーデター → 失敗

・外相幣原による協調外交

　田中内閣で悪化した日中関係改善のため日中関税協定を結び、中国の関税自主権認める

　ロンドン海軍軍縮条約＝補助艦の制限(対米英7割)、主力艦建造禁止5年延長　全権は若槻礼次郎、海相 財 部 彪
　　　　　　↓
　政府が兵力量を決定したことに対し国内で「統帥権干犯」という批判が強まる(野党、政友会の犬養毅・鳩山一郎、

　海軍軍令部の加藤寛治)、枢密院の同意とりつけ批准、この問題で首相は右翼の青年に狙撃されて負傷し、内閣退陣

②若槻礼次郎内閣……政党立憲民政党、外相幣原　陸相南次郎

・満州事変 (1931.9)

　中国で日本の満州権益回収を要求する民族運動が高まる、張作霖の息子張学良は満州に中国国民党(蔣介石)の青天白

　日旗を掲げ反日姿勢を示す(「易幟」)
　　　　　　↓
　満州の関東軍は危機感 |満蒙の危機」「満蒙は日本の生命線」(※満州は資源供給地であり商品市場)

　関東軍参謀石原莞爾は『世界最終戦論』で将来の対ソ戦・対米戦に備えての満州支配を提唱

　ついに独断で南満州鉄道を爆破(柳条湖事件)、これを中国軍のしわざとして軍事活動を開始 内閣は不拡大方針

　関東軍はそれを無視して戦線拡大、蔣介石は共産党掃討に血道をあげておりたいした抵抗もなく全満州を制圧〔東三

　省＝遼 寧(→奉天)・吉林・黒 竜 江〕　幣原の協調外交終焉　※マスコミ・世論(恐慌で窮乏した人々)は軍部支持
　　　　　　↓
　国内では満州事変に呼応して、再び国家改造(軍部政権樹立・積極的大陸進出)の動きがおこる

　　十月事件＝橋本欣五郎らに右翼指導者大川周明(A級戦犯)が加わったクーデター → 失敗
　　　　　　↓
　内閣総辞職、その後上海にも飛び火し上海事変がおこる、この後斎藤実内閣で塘沽停戦協定が結ばれ一応終息

1 産業革命と社会運動、教育

〈産業革命〉

紡績　綿糸　手動ガラ紡 → 大阪紡績会社(1882)がイギリスから機械紡績を導入(ミュール→リング)

　　　　　臥雲辰致発明　　渋沢栄一　　　　　　　　　　　綿糸生産＞輸入1890年　　　輸出＞輸入1897年

　　　綿織物　手動飛び杼 → 豊田佐吉が国産力織機を考案し機械化がすすむ

　　　※紡績は原料の綿花をインドから輸入したため、コスト高　中国へ輸出

製糸　生糸　手動座繰製糸 → 機械化器械製糸　　　器械＞座繰 1894年　輸出世界最大1909年

　　　※生糸は原料国産、関東中心に養蚕業盛んに、稼ぎ頭、アメリカへ輸出

重工業　・鉄鋼 官営八幡製鉄所(1901、ドイツ) → 筑豊炭田(国内最大)、中国大冶の鉄鋼石　※筑豊炭田を題材にした
　　　　　山本作兵衛の炭鉱記録画が「世界の記憶」に選定される　　　　　民営 室蘭日本製鋼所(イギリス)

　　　・造船三菱長崎造船所　　　　・機械旋盤池貝鉄工所

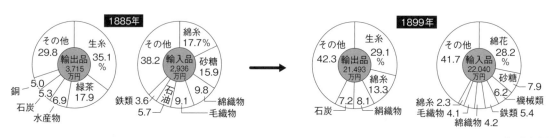

『日本貿易精覧』より

◎はじめは原料を輸出して製品を輸入 → 産業革命後は原料を輸入して製品を輸出

〈社会運動〉

近代化に伴い労働問題(低賃金・長時間労働)がうまれる

労働者レポート　横山源之助『日本之下層社会』(「聞いて極楽、観て地獄」)　農商務省『職工事情』
　　　　　　　　細井和喜蔵『女工哀史』(1925)　　山本茂実『あゝ野麦峠』(1968、岐阜～長野)

「男軍人 女は工女 糸をひくのも国のため」　※貧しい農村では家計を支えるため娘たちを出稼ぎに出す

↓

労働者は待遇改善や賃上げを求めてストライキをおこす ex甲府の雨宮製糸工場(1886)　大阪の天満紡績工場

アメリカ帰りの高野房太郎によって職工義友会が組織され後に労働組合期成会に改称、機関紙『労働世界』

鉄道系の労働組合、日本鉄道矯正会

↓

治安警察法制定(②山県内閣)　社会民主党解党(④伊藤内閣)

↓

日露戦争期、社会主義者幸徳秋水・堺利彦らは『平民新聞』を発行して反戦を主張、日本社会党結成(西園寺内閣)

↓

政府による弾圧　大逆事件で幸徳秋水らを処刑(②桂内閣)　同時期に工場法制定

環境問題　古河市兵衛所有の足尾銅山(栃木)の鉱毒が渡良瀬川に流出 → 足尾の村民が上京して警官隊と衝突(川俣事件)

田中正造が衆議院議員を辞して明治天皇に直訴(01、幸徳起草) → 政府は、防止は命じたが操業停止はさせ

ず、土地収用法発布(西園寺内閣)、谷中村を洪水予防のための遊水地とする

〈教育関係〉

1871 文部省設置　　　　　　　　　　　　　　　　　　　　　　※長野に洋風の開智小学校設立

1872 学制＝目標「国民皆学」で「不学」の者をゼロに、学費は自費、フランスにならうが(全国を8区に)失敗

　　　　学問によって出世し富をえる功利主義を説く → 農村にとって負担が大きく反対一揆がおこる

1877 東京大学設立　　　　　　　　1879 教育令＝アメリカにならって自由主義的

1886 学校令＝文相森有礼、小学校・中学校・師範学校・帝国大学からなる学校体系整備、(尋常)小学校4年義務教育

1890 教育勅語＝「忠君愛国」が教育の基本であることを強調、起草井上毅・元田永孚　　御真影＝天皇の写真

　　　　「ナンジ臣民、父母ニ孝ニ、兄弟ニ友ニ、夫婦相和シ、朋友相信奉シ……」

　　　　内村鑑三が第一高等中学校での奉読式の式典で最敬礼をしなかったことが「不敬」とされ教壇を追われた

1903 国定教科書制定　　07義務教育が6年に、小学校の就学率97%

大正期　画一的教育に対する批判がおこり、個性・自主性を尊重する自由教育運動がおこる　作文による綴方教育運動

② 明治文化

〈学術研究〉

北里柴三郎～破傷風、ペスト菌、　　　　志賀潔～赤痢菌発見　　　　　高峰譲吉～アドレナリン発見

長岡半太郎～原子構造の研究　　　　　　木村栄～自転軸Z項の発見　　　大森房吉～地震研究

鈴木梅太郎～オリザニン(ビタミンB1)発見　　　　田口卯吉『日本開化小史』『東京経済雑誌』

久米邦武～岩倉使節団『米欧回覧実記』、論文「神道は祭天の古俗」で非難をあびる

田中館愛橘～物理学、メートル法普及　　　　　　　牧野富太郎～植物学

〈お雇い外国人〉

ヘボン～宣教師、ローマ字　　　　　ベルツ～医学　　　　　　　　ビゴー～風刺画『トバエ』

モース～大森貝塚、「進化論」　　　　ナウマン～地質学、ナウマンゾウ　　ミルン～地震

キヨソネ～造幣局　　　　　　　　　ハーン(小泉八雲)『怪談』　　　　ワーグマン『ジャパンパンチ』

〈ジャーナリズムと近代文学〉

小新聞＝江戸時代の瓦版の伝統を引き継ぐ、大衆向きの娯楽面重視　『読売新聞』

大新聞＝政治評論中心、自由民権運動の中で政党は積極的に主義主張を発信

徳富蘇峰は民友社設立、『国民之友』平民的欧化主義　日清戦争後、対外膨脹の帝国主義を主張

三宅雪嶺は政教社設立、『日本人』近代的民族主義　長崎の高島炭鉱の労働問題を掲載し反響をあびる

陸羯南『日本』　　　　　高山樗牛『太陽』、小説『滝口入道』

日本初の日刊紙横浜毎日新聞発刊 → 東京横浜毎日新聞(沼間守一) → 40廃刊

時事新報 → 東京日日新聞(政府系、福地源一郎) → 大阪毎日新聞と統合し毎日新聞に

近代・戦後

政治小説　矢野竜渓『経国美談』　　東海散士『佳人之奇遇』　　仮名垣魯文『安愚楽鍋』　　末広鉄腸『雪中梅』

坪内逍遙〜写実主義、評論『小説神髄』、『当世書生気質』、早稲田教授　二葉亭四迷『浮雲』、スタイル言文一致体

尾崎紅葉『金色夜叉』、硯友社組織、雑誌『我楽多文庫』

樋口一葉『たけくらべ』『にごりえ』　　　幸田露伴『五重塔』　　　島崎藤村『若菜集』『破戒』『夜明け前』

北村透谷〜文芸誌『文学界』　　　　　　　与謝野晶子〜歌集『みだれ髪』、雑誌『明星』

徳冨蘆花『不如帰』　　　　　　　　　　　田山花袋『蒲団』　　　　石川啄木『一握の砂』『時代閉塞の現状』

正岡子規〜俳句雑誌『ホトトギス』　　　　長塚節〜短歌雑誌『アララギ』、小説『土』

森鴎外〜ドイツ留学、陸軍軍医、恋愛と離別を描写した『舞姫』、アンデルセンの小説を翻訳した『即興詩人』
　　　　殉死を描いた歴史小説『阿部一族』

夏目漱石〜イギリス留学、『ホトトギス』に『吾輩は猫である』『坊っちゃん』を発表、朝日新聞に『それから』
　　　　『こころ』を発表

　　　　　　　※日清戦争期はロマン主義、日露戦争期は自然主義

〈美術〉

西洋＞日本 ──────→ 西洋＜日本 ──────────→ 西洋画の盛り返し ─────→ 文展 ──────→ 帝展

工部美術学校　　　　　東京美術学校　　　　　　浅井忠の明治美術会　　　　西洋・日本画　　　　大正

㋺フォンタネージ　　　西洋美術除外　　　　　　黒田清輝の白馬会　　　　　共通の官立発表会

　　　　　　　　　　　㋱フェノロサ　　　　　　「読書」「湖畔」　　　　　文相牧野伸顕

　　　　　　　　　　　岡倉天心『東洋の理想』　日本画も負けじと

　　　　　　　　　　　　　　『茶の本』　　　　日本美術院創設、独自の展覧会院展を設ける
　　　　　　　　　　　　　　　　　　　　　　　横山大観「生々流転」

高橋由一「鮭」　　　青木繁「海の幸」　　　狩野芳崖「悲母観音」、狩野派の末裔

・彫刻　高村光雲(息子、高村光太郎は詩「道程」)「老猿」　　　朝倉文夫「墓主」『大隈重信像』

・建築　コンドル〜ニコライ堂、鹿鳴館　　　辰野金吾〜日銀本店、東京駅
　　　　片山東熊〜赤坂離宮(迎賓館)

〈その他〉

・歌舞伎　団菊左＝市川団十郎・尾上菊五郎・市川左団次　　銀座歌舞伎座

・新派劇　川上音二郎〜壮士芝居、オッペケペー節で自由民権を宣伝

・新劇　坪内逍遥〜芸術団体文芸協会　　小山内薫〜劇団自由劇場、イプセンの演劇

・西洋音楽　伊沢修二〜唱歌、東京音楽学校初代校長　　　　滝廉太郎〜作曲家、荒城の月

3　大正から昭和初期にかけての文化

〈大正デモクラシー〉　※1次大戦、ロシア革命、米騒動をきっかけに国民の政治参加(普通選挙)や権利拡大、労働者や農民の待遇改善を求める社会運動が盛んになる

　労働者運動　労働争議　鈴木文治が友愛会組織(12、話し合いによる労資協調) → 1921年日本労働総同盟(暴力も辞さない階級闘争主義)　　20年5/1第1回メーデー

　　　　　社会・共産主義運動　反資本主義勢力が日本社会主義同盟を組織、翌年禁止される

　　　　　堺利彦・山川均らが日本共産党を組織(22)　※非合法

　　　　ソ連共産党が世界に共産主義革命を広めるためにつくった機関がコミンテルン

　農民運動　小作争議＝小作料の引き下げを求める　※明治期、政府が農業支援の目的で農会法制定

　　　　　杉山元治郎・賀川豊彦(『死線を越えて』)らが22年に日本農民組合結成

　婦人運動　平塚らいてうを中心として青鞜社が組織される　雑誌『青鞜』(「原始女性は太陽、今は月」)

　　　　　→ 家父長制による男尊女卑の従属的立場からの女性の解放・自立を主張

　　　　　母性保護論争　与謝野晶子(完全な自立) VS 平塚(ある程度の保護必要)

　　　　　平塚・市川房枝が新婦人協会結成(20)、治安警察法5条の改正を要求 → 女性の集会参加が認められ解散(22)

　　　　　赤瀾会＝女性社会主義団体、山川菊栄(山川均の妻、戦後労働省婦人少年局長)　伊藤野枝(大杉栄と共に殺害)

　　　　　奥むめお～戦後、主婦連会長　　高群逸枝～女性史学

　　　　　矢島楫子が矯風会(キリスト教婦人協会)設立、山室軍平らとともに廃娼運動を行う

　学術界　吉野作造中心に、学者組織黎明会・学生組織東大新人会設立

　部落解放運動　全国水平社(22)「人の世に熱あれ人間に光あれ」西光万吉、京都

〈大衆文化〉　※教育の普及、マスメディアの発達

　・メディア　ラジオ放送＝1925、東京・大阪・名古屋、NHK(日本放送協会)設立　東京六大学(神宮球場)、甲子園

　　　　　総合雑誌『中央公論』(滝田樗陰)　大衆娯楽『キング』

　　　　　社会主義系『改造』、この改造社(山本実彦)は後に1冊1円の『円本』刊行　　『我等』長谷川如是閑

　　　　　週刊誌発売(22)『サンデー毎日』『週刊朝日』

　・ライフスタイル　サラリーマン(新中間層)、カレーライス　電灯の普及

　　　　　　　タイピスト、電話交換手など社会進出した女性を職業婦人　洋装女子をモガ、洋装男子はモボ

　・交通　阪急電鉄の小林一三が日本初ターミナルデパート(百貨店)開業、宝塚歌劇団創設

　　　　地下鉄(27)上野～浅草　路面電車(京都)　乗合自動車　円タク(東京市内1円均一)

　・建築　郊外に和洋折衷の文化住宅　※卓袱台　都市計画法制定(19)　大震災後、鉄筋の同潤会アパート、丸ビル建造

　・娯楽　演劇　島村抱月・松井須磨子が文芸協会脱退、芸術座結成　「今日は帝劇、明日は三越」

　　　　　小山内薫が土方与志と築地小劇場設立

　　　　映画　明・大画像(活動写真)、無声動画(ナレーターを弁士) → 昭動画に音声トーキー → 戦後 カラー

　　　　　榎本健一～「エノケン」浅草の喜劇俳優　古賀政男～歌謡「酒は泪か溜息か」

〈学術・文学・芸術〉

学術研究

野口英世～黄熱病研究　　　　　　　　　　本多光太郎～KS（住友吉左衛門）磁石鋼

柳田国男～民俗学、『遠野物語』（岩手）、常民　西田幾多郎～哲学、『善の研究』

和辻哲郎～哲学、『古寺巡礼』『風土』　　　伊波普猷～沖縄の民俗学者、『おもろさうし』研究

森戸辰男～無政府主義クロポトキンの研究で処罰

野呂栄太郎『日本資本主義発達史講座』

　　　　　日本資本主義論争、どうやって共産主義を実現させるか？　講座派（段階的に）VS 労農派（一気に）

河上肇『貧乏物語』マルクス主義経済学　※労働者の解放、平等な社会の実現を目指す、社会・共産主義の実現

純文学

白樺派　雑誌『白樺』→ 武者小路実篤　　　志賀直哉『暗夜行路』　　有島武郎『或る女』

耽美派　谷崎潤一郎『刺青』『細雪』　　　永井荷風『腕くらべ』、日記『断腸亭日乗』

新思潮派　芥川龍之介　　菊池寛（『文藝春秋』創刊、35年芥川賞・直木賞創設）『恩讐の彼方に』

新感覚派　横光利一『日輪』　　川端康成『伊豆の踊子』

プロレタリア文学＝労働者の生活を描く

　　徳永直『太陽のない街』（印刷工場）　小林多喜二（憲兵隊に逮捕され獄死）『蟹工船』　葉山嘉樹『海に生くる人々』

　　黒島伝治『渦巻ける烏の群』シベリア出兵　　宮本百合子

　　機関紙『種蒔く人』※最初　　『文芸戦線』　『戦旗』全日本無産者芸術連盟（ナップ）

転向文学　島木健作『生活の探求』　　中野重治『村の家』　　日本浪曼派（国家主義的）

大衆文学　鈴木三重吉～児童文学『赤い鳥』　　　中里介山『大菩薩峠』　　　　吉川英治『宮本武蔵』

　　　　　直木三十五『南国太平記』直木賞　　　大佛次郎『鞍馬天狗』『忠臣蔵』　江戸川乱歩～探偵小説

　　　　　野村湖堂『銭形平次』　　　　　　　　子母沢寛『国定忠治』『新選組始末記』

戦争文学　火野葦平『麦と兵隊』　　石川達三『生きてゐる兵隊』

　　　　　田河水泡～マンガ『のらくろ』（『少年倶楽部』に連載）

芸術　美術団体　春陽会＝岸田劉生「麗子微笑」

　　　　　　　　二科会＝梅原竜三郎「紫禁城」　安井曽太郎「金蓉」

　　　山田耕筰～交響曲、オーケストラ　　三浦環～オペラ歌手

オリンピック　ストックホルム（12）＝初参加、金栗四三（マラソン）、

　　　　　　　　　　　　　　　　団長嘉納治五郎（「柔道の父」「スポーツの父」）

　　　　　　　アムステルダム（29）＝織田幹雄が陸上🥇、人見絹枝が水泳🥈

　　　　　　　ベルリン（36）＝前畑秀子が水泳🥇

　　　　　　　東京（40）＝日中戦争で大会返上

近代6

★ 敗戦までの総理大臣
……ヤキカタワカッタ、ハ ワ イ サ オ、ヒ ロ ウ ハ コーヒー、ア ヤ コ ト コ イ ス ル ヒ

| 浜口 | ②若槻 | 犬養 | 斎藤 | 岡田 | 広田 | 宇垣 | 林 | 近衛 | 平沼 | 阿部 | 米内 | ②近衛 | 東条 | 小磯 | 鈴木 | 東久邇宮 |

◇昭和〜敗戦までの政治史

犬養毅内閣……立憲政友会　※①護憲、②護憲と言論で軍部や藩閥を打倒してきた

- 金輸出再禁止　蔵相高橋是清　円の金兌換停止、政府が通貨量を管理・調整する管理通貨制度へ移行

  円安を利用して輸出の拡大をはかる、綿織物輸出がイギリスを抜いて世界一に

  イギリスは日本が国を挙げて円安にもっていったことを「ソーシャルダンピング」と非難

  ㊁ブロック経済を行い高関税で保護貿易政策、㊂ルーズヴェルト大統領による公共事業(ニューディール政策)
  　　　　　　↓

  赤字国債を発行して軍事費を増やす積極財政で産業界は活気づき、重化学工業の著しい伸び

  満州に新興財閥がおこる ex鮎川義介の日産、野口遵の日窒　※大陸進出をねらう軍と結びついて巨額の利益を

  上げる　1933年には欧米諸国に先駆けて世界恐慌以前の生産水準に回復

  金輸出再禁止による円安をみこした財閥は、ドル買いで莫大な利益を上げ世論の批判が強まる

- 満州国建国＝清朝最後の皇帝、(宣統帝)溥儀を執政に、日本の傀儡政権、アメリカを中心に強い反発を生む、国際連
  盟はイギリスのリットン調査団派遣、犬養内閣は国際世論の反発を考慮し満州国を認めなかったため軍
  部や右翼団体の不満を買う

- テロ　血盟団事件＝井上日召らの右翼団体が前蔵相井上準之助・三井財団理事長団琢磨を暗殺「一人一殺」

  　　　五・一五事件＝32、海軍青年将校らが首相官邸襲撃、犬養首相を暗殺

  　　　※第二次護憲運動以来続いていた政党政治は崩壊し、軍人政治が敗戦まで続く

  満州事変をきっかけに、国内ではナショナリズムが高まり、国家による弾圧とあいまって社会主義・共産主義の思想
  を放棄する転向という現象がおきた。社会主義者赤松克麿らは「天皇制」を認める日本国家社会党を結成。獄中に
  あった日本共産党の最高指導者佐野学・鍋山貞親も転向を発表した。社会主義をまもり続けていた鈴木茂三郎の日本
  無産党も、1937年に活動停止に追いこまれた。

斎藤実内閣……海軍穏健派「挙国一致」

- 日本政府は日満議定書をとりかわし満州国(黒龍江・吉林・遼寧・熱河・興安)承認 → リットンの調査結果「日本の満
  州権益は認めるが、満州国承認は撤回せよ」(※軍事力による一方的な現状変更を禁じた九ヵ国条約・パリ不戦条約に
  反する) → 日本全権松岡洋右は国連総会の場から退場 → その後国際連盟の脱退を通告(1933)　※代わってソ連が加入
  塘沽停戦協定で満州事変終息　36年にはワシントン・ロンドン両軍縮条約が失効し、孤立を深める

- 農山漁村経済更生運動＝昭和恐慌で打撃を受けた農村の復興を行った「自力更生」
  時局匡救事業で公共事業による農村復興

  鉄鋼業では八幡製鉄所を中心に大合併が行われて日本製鉄会社(後の新日鉄)が誕生

- 滝川事件＝京大教授滝川幸辰の『刑法読本』が国家破壊の著作であるとされ辞職に追い込まれた ※文相鳩山一郎

近代・戦後

岡田啓介内閣……海軍穏健派

・軍部の台頭

陸軍パンフレットで「国防の本義と其強化の提唱」が説かれ、軍が政治への関与の意向を露骨に示すようになった

貴族院の菊池武夫による非難をきっかけに美濃部達吉の天皇機関説に対する批判が強まり、上杉慎吉が唱えた無制限

の天皇主権説が優勢に → 内閣はこれに屈服、美濃部は貴族院議員辞職、天皇機関説を否定する国体明徴声明を出した

※のち文部省から『国体の本義』(37)、『臣民の道』(41)が配布され、戦時下の国民思想教化の根本テキストとなる

・二・二六事件(36)

背景　　　　統制派＝現状維持、上級軍人　VS　皇道派＝天皇中心で現状打破、下級軍人、過激派

陸軍内の対立　　　東条英機・永田鉄山　　　　　　相沢三郎・真崎甚三郎

　　　対立

　　　　　　石原莞爾　　　　斬殺

北一輝の『日本改造法案大綱』(※1919年発表、猶存社、「一君万民」の国家社会主義、天皇大権のもと既成支配層の

打破、企業をすべて国有化、富の偏りを解消)の思想的影響を強く受けた皇道派の陸軍青年将校が決起。蔵相高橋是

清、内大臣斎藤実、教育総監渡辺錠太郎らを殺害、鈴木貫太郎は襲撃されるも一命をとりとめる。国会や首相官邸

などの日本の中枢が占拠される。「天皇のために君側の奸を排除する」としておこしたが天皇激怒、戒厳令が出され

反乱軍として鎮圧され北一輝は首謀者として死刑。岡田首相は脱出に成功するも内閣退陣。この後、統制派が皇道派

を排除して日本の政治を牛耳る。

・このころドイツのヒトラーやイタリアのムッソリーニはファシズム(資本主義の行き詰まりを軍部独裁体制で打破し

ようとする反民主主義的理論)を標榜する政権を樹立する。

広田弘毅内閣……福岡修猷館、外交官

・軍部のロボット　軍部大臣現役武官制復活 → 軍部が内閣の決定権を握る

　　　　　　　　「国策の基準」＝ソ連と戦う北進に加え、対米英の南進強化

・日独防共協定＝ソ連を仮想敵国とする、これがもとで戦後ソ連から猛攻撃を受け文官でありながらA級戦犯として

　　　　　　　　絞首刑

・西安事件＝張学良の策謀で蒋介石の国民党と毛沢東の中国共産党の内戦が終結し、一致抗日がはじまる(第二次

　　　　　国共合作)　背景　関東軍が華北分離工作を進め、冀東防共自治委員会という傀儡政権樹立

宇垣一成流産内閣……陸軍が陸相を推挙せず不成立 → 加藤高明内閣で陸相として軍縮を行った恨み

林銑十郎内閣……陸軍「軍財抱合」※軍拡をはかる軍部と、軍需による利益をもくろむ財界が結びつく

近衛文麿内閣……五摂家出身

・日中戦争＝発端は37年盧溝橋事件(黒幕は中国共産党？)、政府は戦争とみなさず「支那事変」の立場とる

　　　　　通州事件＝北京近郊の通州で中国共産党の扇動した中国人部隊が200人余りの日本人居留民を虐殺

　　　　　以後宣戦布告のないまま場当たり的に中国全土に戦線を拡大、第2次上海事変、南京占領時の「南京大虐

　　　　　殺」は中国共産党の反日プロパガンダ、蒋介石は奥地の重慶に退いて徹底抗戦、独公使トラウトマンの

　　　　　和平交渉失敗

　　　　　日独伊三国防共協定締結＝日独伊の枢軸陣営形成　※米英仏ソは「連合国」

　　　　　戦争収拾のため近衛声明だす　1「国民政府を対手とせず」　2「東亜新秩序建設」

　　　　　　　　　　　　　※収拾どころか、政府が「戦争」と認めてしまった

　　　　　日中戦争のさなかに張鼓峰事件勃発、満ソ国境で日ソ両軍衝突

・戦争体制　企画院設置＝戦争中の物資動員計画の作成

　　　　　　国民精神総動員運動＝節約・貯蓄など国民の戦争協力を促す運動

　　　　　　国家総動員法＝38、政府は議会の承認なしに戦争に必要な物資や労働力を動員できる権限を得る

　　　　　　「臨時」3法 → 臨時資金調整法・輸出入品等臨時措置法・電力管理法

・日中戦争を収拾できず泥沼化、内閣総辞職に

平沼騏一郎内閣……司法界の重鎮、国本社

・国民徴用令＝国家総動員法に基づいて発布、一般国民を軍需産業に動員

・経済統制　軍需品が最優先されたので生活必需品は品不足となり、自由に売買できなくなる

　　　　　　政府が米を強制的に買い上げる供出制、米穀配給統制法で米が配給制に（増産のため農地調整法を制定し

　　　　　　小作料制限）　マッチ・砂糖の切符制 → 対米戦始まって食糧管理法制定、軍需省設置

　　　　　　七・七禁令「ぜいたくは敵だ」 → インフレを抑えるため節約強制、貯蓄は増大する軍事費にあてる

・アメリカが日米通商航海条約破棄を通告

　　石油が日・満・中国占領地の円ブロックでは全然まかなえない → 石油を求めて南方へ

・満蒙（モンゴル）国境で日ソ両軍が衝突するノモンハン事件がおこるなか、友好国ドイツが日本の仮想敵国ソ連と

　　勝手に不可侵条約を締結 →「欧州情勢は複雑怪奇」と声明し総辞職

阿部信行内閣……陸軍

・第二次世界大戦勃発（39.9） → 内閣としては大戦不介入　値上げを禁止するため価格等統制令発布

・日中戦争収拾できず退陣

米内光政内閣……海軍、親⊗Ⓜ

・日本が軍部一色に染まろうとする中、民政党の斎藤隆夫が反軍演説をして軍部批判を行ったが（二・二六事件後に

　　粛軍演説）、軍部の圧力により議員除名に

・日本は汪兆銘（精衛）を重慶から脱出させ、南京に傀儡の新国民政府を樹立させる

・ヨーロッパではドイツがフランス占領、圧倒的有利に → 陸軍内でドイツとの同盟論が高まる「バスに乗り遅れるな」

　　→ 親⊗Ⓜの内閣退陣　※外交官、杉原千畝がユダヤ人を救う「命のビザ」

◇学問統制、言論弾圧

　戦争によるナショナリズムの気運の国民的高まりの中で、共産主義ばかりでなく自由主義や民主主義的な思想にも

弾圧が及ぶ。斎藤内閣で滝川幸辰が京大を辞職に追い込まれた(33)。岡田内閣では美濃部達吉の天皇機関説が排撃され、

民本主義と共に明治以来の議会政治を支えてきた理論的支柱を失った。この後、東大教授矢内原忠雄（『帝国主義下の

台湾』）の『国家の理想』、東大教授河合栄治郎の『ファシズム批判』がともに反戦思想として発禁、辞職に追い込まれ

た。また反ファシズムを掲げた人民戦線事件で大内兵衛検挙。神代史研究の権威津田左右吉の著作が発禁、早大辞職(40)。

・信濃毎日新聞の桐生悠々も33年軍部批判で退社

・出版・映画・演劇などのマスメディア統制は内閣情報局が行う

②近衛文麿内閣……親(米)

・新体制運動　※ナチス流挙国一致の一党独裁体制確立

政党解散 → 大政翼賛会(東条内閣で翼賛選挙が行われ翼賛政治会結成)　　労働組合解散 → 大日本産業報国会

小学校 → 国民学校　　婦人団体 → 大日本婦人会　　日本文学報国会(徳富蘇峰)

・思想統制を強化、治安維持法に予防拘禁制を加え刑期満了後も思想を変えない者は引き続き拘禁可能に

・南進(対米戦)か北進(対ソ戦)か

米英からの蔣介石への物資の輸送ルート(援蔣ルート)を遮断して日中戦争を終わらせるため、またアメリカからの輸

入が途絶える中、石油・ゴム・ボーキサイト獲得のため北部仏印(ベトナム)に進駐(40.9)

↓

日独伊三国同盟締結　日ソ中立条約調印　外相松岡洋右　南進決定！？

突如独ソ戦開始　北進の声がにわかに高まり、満州で関東軍が大規模な軍事演習(「関特演」)を計画したが中止

↓

ファイナルアンサー「南進」　※北進を阻止したいソ連のスパイ、ゾルゲ・尾崎秀実暗躍

南部仏印進駐(41.7)　(米)の対日制裁　1. ガソリン・くず鉄禁輸　2. 在米日本人資産凍結

　　　　　　　　　　　　3. 対日石油禁輸〔ABCD包囲陣((米)(英)(中)(蘭))〕で日本を圧迫

↓

日米交渉による戦争回避を望む内閣と開戦を主張する陸軍が対立 → 内閣総辞職

東条英機内閣……陸軍、内大臣木戸幸一　※「陸軍のドン」東条に陸軍を抑えさせる

・日米交渉

東条は戦争回避を試みる　駐米大使野村吉三郎(海軍)・来栖三郎 ― (米)国務長官ハル

ハル=ノート=仏印、満州を含む中国からの撤退、満州国・汪兆銘政権の否認、日独伊三国同盟破棄

　　　　　　※「満州事変の前に戻せ」という日本が絶対にのめない条件を出した

↓

日米交渉失敗　　誤算=アメリカも景気対策として戦争がしたかった

日米開戦

41年12/1天皇臨席の御前会議で対米英戦を決定、日本は12/8に陸軍がマレー半島に上陸して(英)軍を破り、海軍はハ

ワイの真珠湾の(米)艦隊を攻撃(連合艦隊司令長官山本五十六)、大東亜戦争(※「太平洋戦争」とは(米)側の呼称、わが

国は当時「大東亜戦争」とよんだ)はじまる　開戦時世界最強のゼロ戦(皇紀2600年)

「八紘一宇」　朝鮮で皇民化政策、朝鮮人の姓名を日本風に改める「創氏改名」は強制ではなく任意

43年朝鮮で徴兵制　※従軍慰安婦？「日本軍が朝鮮の女性20万を性奴隷にした」という事実はない

↓

はじめは日本優勢、しかしミッドウェー海戦(42.6)での敗北を境にアメリカの大反撃がはじまる、ガダルカナル島陥

落、戦局悪化

大東亜会議=新国民政府(汪兆銘政権)、満州国、タイ、フィリピン、自由インド仮政府(※独立運動家チャンドラ=

　　　　　　ボース)が参加、「大東亜共栄圏」の結束が確認される

☆日本の戦争の結果としてアジアにおける欧米の植民地支配は一掃され、アジア諸国は独立した

$\downarrow$

「絶対国防圏」であったサイパン島陥落で内閣退陣(44.7) → アメリカの日本本土爆撃がはじまる B29

ハーグ陸戦法規で捕虜の保護を規定していたが、日本には「生きて虜囚の辱めを受けず」という戦陣訓があり多くの兵士や民間人が集団自決をはかった

小磯国昭内閣……陸軍「一億玉砕」

・空襲激化　学童疎開、各自治体では隣組が組織される　東京大空襲(45.3.10)

　戦争激化　学生学徒出陣、未婚女子は女子挺身隊に組織され、軍需工場に動員される(勤労動員)

　　　　　硫黄島陥落(45.3)　イタリア降伏(43)　ドイツ降伏(45.5)

　　　　　米軍沖縄上陸(45.4)、男子中学生は鉄血勤皇隊に、女子中学生はひめゆり隊に組織され最も苛烈な地上戦の場となった

　　　　　神風特別攻撃隊出撃、戦艦大和撃沈

鈴木貫太郎内閣(45.4~8)……海軍

・連合軍首脳会談

　カイロ会談(43)　㊇ ルーズヴェルト　㊇ チャーチル　㊥ 蔣介石

　　　　　　カイロ宣言 ＝ 満州・台湾の中国帰属、朝鮮の独立

　　　　　　　　　　このほか日本が第一次世界大戦後獲得した太平洋の一切の島を剥奪

　ヤルタ会談(45.2)　㊇ ルーズヴェルト　㊇ チャーチル　㊉ スターリン

　　　　　　ヤルタ協定 ＝ ソ連の対日参戦(の見返りにソ連の南樺太、千島の領有を認める)

　　　　　　　　　　　※当事国日本が関与していない秘密協定であり、国際法的に無効

　ポツダム会談(45.7、ドイツ)㊇ トルーマン　㊇ チャーチル(→アトリー)　㊉ スターリン

　　　　　　囲内容 ＝ 日本の無条件降伏が決定され、㊇㊇㊥の名でポツダム宣言が出された

　　　　　　国民をだまし世界征服できるなどと信じ込ませた無責任な日本の軍国主義者や戦争指導者を永久に除去する

　　　　　　カイロ宣言にあるように日本の主権を本州・北海道・九州・四国・その他の諸小島に限る

　　　　　　※㊇は原爆を投下するため、意図的に国体(天皇)についての条項を削除

◎日本政府は「国体護持」の立場からポツダム宣言を黙殺 → 8/6広島原爆 → 8/8ソ連参戦 → 8/9長崎原爆

　→ 御前会議で昭和天皇の「聖断」、ポツダム宣言受諾 → 8/15「玉音放送」敗戦

東久邇宮稔彦内閣……国民の動揺をおさえるため皇族内閣「一億総懺悔」 GHQと対立、2ヵ月と短命

・ミズーリ号で降伏文書に調印　日本全権 外相重光葵・参謀総長梅津美治郎

※ソ連はポツダム宣言受諾、降伏文書調印後も北方領土への侵攻を継続。満州では軍民あわせて約60万の日本人がシベリアに抑留され、10年にわたる非人道的な強制労働に従事させられ5万人近くが亡くなる

戦争で国のために殉じた「英霊」を祀るのが靖国神社(←招魂社)

★

ヒ	ショ	カタ	ア	シ	ヨ	、	ハ	トイ	キ	、	い	ざ	角	さん	福	大	、	ナカッ	タ	海	(ウミ)	川	、	村	ハ	小さい
東久邇宮	幣原	吉田 片山	芦田	吉田			鳩山	石橋	岸		池田	佐藤	田中角栄		三木 福田	大平		中曽根		竹下	海部	宮沢		細川	村山	橋本 小泉

1 戦後政治史

幣原喜重郎(しではらきじゅうろう)内閣……戦前、外相として協調外交を展開

・対日占領政策の最高機関としてワシントンに極東委員会設置、諮問機関として東京に対日理事会設置、マッカーサーを最高司令官とするGHQ(連合国軍最高司令官総司令部)が間接統治を行う。日本政府に対する要求は憲法をしのぐ超法規的な「ポツダム勅令」(憲法制定後はポツダム政令)、GHQにより戦時中の国家神道を禁じる神道指令がだされ天皇が人間宣言(←現御神(あきつみかみ))を行う、プレスコードで占領軍に対する批判は禁止、日本の戦争協力者は公職追放にあう。

・猛烈なインフレの対策として金融緊急措置令が出され、旧円の預金封鎖、新円切り替え引き出し制限がなされたが効果は一時的

・五大改革指令　※口頭で指示、基本方針は日本の民主化と非軍事化

1. 女性解放　衆議院議員選挙法改正＝20歳以上の男女に参政権を与える　※有権者50%
   　　　　　46年4月の戦後初選挙で日本自由党第一党、39名の女性議員誕生

2. 圧政諸制度撤廃(人権指令)　特高・治安維持法の廃止、共産党員など政治犯の釈放　日本共産党＝徳田球一
   政党復活　政友会 → 日本自由党＝鳩山一郎　民政党 → 日本進歩党＝幣原喜重郎　日本社会党＝片山哲

3. 教育民主化　教育基本法＝民主主義的な教育理念、義務教育が9年に、公選で教育委員会を設置(のち任命に)
   　　　　　学校教育法＝六・三・三・四制
   　　　　　修身(戦前の道徳)・日本歴史地理禁止、新たに社会科設置、文部省『くにのあゆみ』(最後の国定教科書)
   　　　　　『あたらしい憲法のはなし』刊行、教育勅語は衆参両院で失効、建国神話削除

4. 労働組合の助長　労働三法　労働組合法(45) → 労働関係調整法 → 労働基準法　　※「生産管理闘争」という労組
   　　　　　の闘争形態が盛んに　　労働三権＝団結権・団体交渉権・争議権(ストライキ権)
   　　　右派、反共産系の総同盟(日本労働組合総同盟)　　左派、共産系の産別会議(全日本産業別労働組合会議)
   　　　→ 反共の日本労働組合総評議会(総評、50) → 日本労働組合総連合会(連合、89)

5. 経済の民主化
   農地改革　中小農民層の窮乏が日本の対外侵略の重要な動機となったと考えたGHQは寄生地主の除去と自作農
   　　　　　の創出を目的に農地改革の実施を求めた。第一次では在村地主の所有制限を5町、不徹底 → 自作農創
   　　　　　設特別措置法 → 所有制限が1町(北海道は4町)、小作地5割から1割に、自作農9割に、不在地主
   　　　　　の土地は全て強制買い上げ、農地の売買にあたったのは各市町村に設置された農地委員会(地主3:自
   　　　　　作2:小作5)、小作料も金納に、農協を各地に設置

   財閥解体　持株会社整理委員会発足＝財閥家族の所有する株式を一般に売却
   　　　　　独占禁止法＝カルテル・トラスト禁止、公正取引委員会設置
   　　　　　過度経済力集中排除法＝巨大独占企業解体　※銀行系未解体

吉田茂内閣……外交官、首相就任が確実視されていた鳩山一郎が公職追放され後を託される

・経済政策　経済安定本部設置、有沢広巳の発案で石炭・鉄鋼などの重要産業に資金を集中する傾斜生産方式実施、
　　　　　　復興金融金庫創設、二・一ゼネスト(共産党主導による倒閣運動)がGHQの命令で中止
　　　　　　伊井弥四郎「一歩後退、二歩前進」労組が反吉田に
・新憲法　松本烝治を委員長とする憲法問題調査委員会を設置 → GHQに天皇の統治権を認める憲法案提出
　　　　　→ GHQ「主権在民」「戦争放棄」のマッカーサー草案提出　※高野岩三郎の憲法草案要綱を参考?
　　　　　→ 追加修正、一院→二院、芦田均により9条に「前項の目的を達するため」を追加、自衛権の余地残す
　　　　　→ 衆議院・貴族院・枢密院で審議、可決　※大日本帝国憲法における憲法改正手続きにのっとる
　　　　　→ 日本国憲法制定　公布1946年11/3　※昭和天皇　施行47年5/3
　　　　　→ 新憲法下での初選挙敗北、退陣　　　　1条「天皇は日本国の象徴であり日本国民統合の象徴」
・地方自治法制定、都道府県知事公選、地方行政を握ってきた内務省解体

片山哲内閣……日本社会党が新憲法選挙で第一党に
・民法改正＝戸主制廃止、男女平等　　　　・労働省設置、炭鉱国有化問題で退陣

芦田均内閣　政令201号公布、国家公務員法改正、公務員のストライキ禁止、汚職の昭和電工事件で退陣

②～⑤吉田茂内閣……戦後初の長期政権、独立と経済復興を成し遂げる
◇国内　中国でアメリカが長年支援していた蔣介石の国民党が共産党に敗れ、アメリカの占領政策転換
　　　　日本の占領を終わらせ、政治的に安定した工業国に、「反共の防波堤」(ロイヤル)として西側陣営に組み入れる
　　　　レッドパージ(共産党弾圧)を行う
・経済復興　GHQがインフレを抑えるため経済安定九原則指示、シャウプ勧告 → 税制改革、(累進)所得税中心、
　　　　　　ドッジ=ライン → 赤字なし超均衡予算、1ドル360円(単一為替レート、ブレトン=ウッズ体制)、
　　　　　　52年IMF、世界銀行加盟 → インフレはある程度おさまったが緊縮財政のため不況深刻化、国鉄職員
　　　　　　の人員整理をめぐって、下山事件(下山定則国鉄総裁怪死)、三鷹事件、福島松川事件
　　　　　　アメリカの経済援助 exガリオア資金、エロア資金
・東京裁判(極東国際軍事裁判)判決
　　　　　→ A級戦犯「平和に対する罪」?　東条はじめ7名死刑 近代法の大原則である罪刑法定主義に反する(事後法に
　　　　　よって裁くこと)　インドのパル判事は全員無罪主張、GHQは昭和天皇を占領支配に利用、戦犯に指定せず
・法隆寺金堂壁画が焼損し50年5月文化財保護法制定、7月「金閣寺」焼失
◇国際情勢
・㊦トルーマン大統領はソ連「封じ込め」政策をとり、マーシャル=プランに基づいて西ヨーロッパ諸国の復興を行う
　　(トルーマン=ドクトリン)、1949年アメリカ西ヨーロッパ諸国は北大西洋条約機構(NATO)を結成
　　これに対してソ連はワルシャワ条約機構を結成し冷戦がはじまる
・中国、1949年共産党の毛沢東が中華人民共和国建国、国民党の蔣介石は台湾へ
・50年朝鮮戦争勃発＝大韓民国(李承晩、島根県の竹島を不法占拠)、朝鮮民主主義人民共和国(金日成)
　　　　　　　　　　北緯38度線でこう着、53年板門店で休戦協定調印

再軍備　動員された米軍の軍事的空白を埋めるため警察予備隊新設、保安隊に改称、54年MSA協定を結んで
　　　　アメリカの援助を受けるかわりに自衛力増強を義務付けられ、防衛庁(→防衛省2007)の統轄のもと自衛隊発足

サンフランシスコ平和条約締結＝51、アメリカの占領が終わり日本は主権が回復、多くの国は賠償金請求を放棄

　　　　　　　　　ソ連不調印、インド・ビルマ不参加、中国・台湾不招待

　　　　　　　　　その後フィリピン・インドネシア・ビルマにはサービスや現物による賠償が行われる

※㋒など西側諸国とのみ講和を結ぶ単独講和とすべての交戦国と講和を結ぶ全面講和(東大総長南原 繁)で国論は

割れたが、政府は※外交顧問ダレスのアドバイスを受け単独講和を選択、同時に独立後も日本内における米軍の駐留

を認める日米安全保障条約締結、翌年日本が米軍に基地を提供、駐留費も分担する日米行政協定締結

吉田ドクトリン「日米安保中心の軽武装・経済中心」

講和条約の締結をめぐり社会党が左右に分裂

国内でアメリカ軍基地反対運動がおこる　　石川内灘事件　　東京砂川事件

　　　　　　　　↓

独立によりGHQ退去、政府は国内の引き締めを行う、労働デモと警察が皇居前で衝突(血のメーデー事件)

→　暴力的反政府運動を取り締まる破壊活動防止法制定、その調査機関として公安調査庁設置

　　それまで戦前を反省し、国家権力を弱めるため国家地方警察と自治体警察を併設していたが、警察組織の中央集

　　権化のため新警察法を制定し国家警察に一本化、再軍備も加えてこれら一連の国家権力強化の流れは社会党や共

　　産党などの革新派から「逆コース」と批判された　　　　　　　　　・造船疑獄事件で退陣

鳩山一郎内閣……ついに公職追放解除

・国内　　経済企画庁(←経済安定本部)　経済白書「もはや戦後ではない」、高度経済成長はじまる

　　　　社会党左右統一 → 吉田系の自由党と鳩山の日本民主党が合流(保守合同)、自由民主党結成

　　　　→ 55年体制成立＝保守の自民党と革新の社会党の対立のなか自民党優位、社会党は改憲阻止の1/3維持

　　　　54年第五福竜丸事件、ビキニ環礁でマグロ漁船が被爆、久保山愛吉死亡 → 広島で原水爆禁止世界大会

　　　　同時期に原子力基本法制定＝原子力の平和利用はじまる、茨城東海村　　高速増殖炉もんじゅ

・外交　　日ソ共同宣言＝56、鳩山訪ソ(吉田内閣の※一辺倒に対して※以外とも国交を開く「自主外交」展開)、ソ連

　　　　と国交回復、わが国は北方4島の返還を要求したが、ソ連は国後島、択捉島は解決済み、歯舞群島、色丹

　　　　島の返還は平和条約締結後のこととした、現在も不法占拠　　㋒首相ブルガーニン

　　　　領土問題は平行線 → シベリア抑留を受け国交回復を最優先

　　　　　　　　→ それまで反対していたソ連が支持にまわり、日本は国際連合に加盟する

　　　　中国・インドを中心とした第三勢力がインドネシアのバンドンでアジア＝アフリカ会議開催

石橋湛山内閣……『東洋経済新報』の元記者、戦前から植民地放棄の「小日本主義」を主張、体調悪化で短命

岸信介内閣……東条内閣の商工大臣でA級戦犯、吉田路線の継承、発展

・警職法で警察権限強化をはかるも反対を受け改正断念「おちおちデートもできない」

・新安保条約(日米相互協力及び安全保障条約)締結＝60、アメリカの日本防衛義務明記、極東での軍事行動の事前協

　　　　議、10年の期限後1年前にどちらかが破棄を通告しない限り自動更新 日米行政協定が日米地位協定へ変更

　　　　→ 衆議院で強行採決、 → 革新勢力や学生などを中心に大規模な安保闘争がおきる

　　　　→ ※アイゼンハワー大統領来日中止 → 参議院の議決なく条約批准、内閣総辞職

池田勇人内閣……スローガン「所得倍増」「寛容と忍耐」

・自由貿易体制　IMF(国際通貨基金)8条国に移行 → 為替の自由化、自国の都合で為替管理を行えない

　　　　　　　OECD(経済協力開発機構)加盟 → 資本の自由化、外資の参入を解禁

　　　GATT11条 → 自国の都合で輸入制限できない、86年ウルグアイラウンド開始 → 95年WTO(世界貿易機構)

　「政経分離」の方針で国交のない中国との準政府間貿易(「LT貿易」)がはじまる　L 廖 承志　T高碕達之助

・工業化　新産業都市建設促進法により太平洋ベルト地帯がうまれる

　　　　農業基本法＝多額の補助金により農業の機械化・大型化行う、農業人口を減らし工業人口を増やす

・64年東京オリンピック開催 → これにあわせて東海道新幹線開通(東京～新大阪)、名神高速

佐藤栄作内閣……岸信介の実弟、ノーベル平和賞受賞

・領土返還　53年奄美諸島 → 68年小笠原諸島 → 72年沖縄(沖縄返還協定、ニクソン)　初代県知事屋良 朝 苗

　　　　　　沖縄の祖国復帰運動、「核抜き本土並み」(核兵器を「もたず、つくらず、もち込ませず」の非核三原則)

　　　　　　最大の米軍基地 嘉手納、普天間から辺野古への移設問題、日本の米軍基地の75%

・日韓基本条約＝1965、大韓民国は「朝鮮にある唯一の合法的な政府」と確認　㊥朴正熙政権

・ベトナム戦争が激化、65年よりアメリカ軍は北爆をおこなう → 73年和平協定

・ニクソンショック(71) → 中ソ対立を利用し㊟大統領訪中(79年国交正常化)とドルショック

　　　60年代後半、アメリカはベトナム戦争の戦費や西側諸国に対するばく大な援助から、財政が急激に悪化。この
　　　ためニクソン大統領は金・ドルの兌換を停止し、さらに1ドル360円から308円への切り上げをおこなった(ス
　　　ミソニアン体制)。その後日本は73年に変動相場制へ移行。

・国内政治　多党化　公明党結成(64)　　西尾末広らが社会党から分離 → 民主社会党

　　　　　　　　　　河野洋平らが自民党から分離 → 新自由クラブ

　　　　　　60年代後半、社会・共産系の首長が大都市でうまれ「革新自治体」とよばれる　ex東京都知事美濃部亮吉

田中角栄内閣……「今太閤」　スローガン「列島改造」　※新幹線・高速道路で太平洋ベルト以外の地方開発

・日中共同声明＝日中国交正常化、中国首相周恩来

　　　　　　　中国という巨大市場をとるため友好国であった台湾(＝中華民国)を否認、日華平和条約(52)失効

　　　　　　　中国は賠償を放棄するも、日本は中国に3兆円にのぼるODAを実施

・第4次中東戦争 → 石油高騰(4倍) → 1973年石油危機 → 物価高騰「狂乱物価」、不況で物価が上がるスタグフレーション

・国土開発により大型公共事業が増加、政治資金調達にからむ金脈問題で辞職

三木武夫内閣……スローガン「クリーンな政治」

・石油危機後の世界不況を打開するため第1回サミット(先進国首脳会議)が開催される㊐㊟㊫㊝㊩㊑

・ロッキード事件で田中元首相逮捕 → 衆議院総選挙で自民党大敗、退陣

福田赳夫内閣……日中平和友好条約調印、日米防衛協力のための指針(ガイドライン)決定

大平正芳内閣(急死)……イラン革命(79)からの第二次石油危機 → 鈴木善幸内閣

中曽根康弘内閣……スローガン「戦後政治の総決算」　㊟㊘「小さな政府」を目指す新自由主義の世界的風潮

　・男女雇用機会均等法制定(1985)　　　　・防衛費がGNP1％枠を超える

　・プラザ合意＝日本が貿易で儲けすぎることに批判集中、日本をおさえるため為替を円高にもっていく G5

　・行財政改革　国鉄(日本国有鉄道)民営化 → JR発足、電電公社 → NTT、専売公社 → JT(たばこ)

竹下登内閣……昭和天皇崩御、平成元年　・消費税導入3%　・リクルート事件で総辞職

海部俊樹内閣……中東で湾岸戦争勃発

宮沢喜一内閣……PKO(国連平和維持活動)協力法制定、カンボジアへ派遣

　　　　　　　佐川急便事件で汚職が発覚 → 政治不信で自民党分裂

細川護熙内閣……日本新党党首、非自民8党派(共産除く)連立内閣 → 自民党が野党になり 55年体制終焉

　　　　　　　政治改革関連4法案成立 → 小選挙区比例代表並立制導入

羽田孜内閣……新生党、短命

村山富市内閣……自社さ連立内閣、阪神・淡路大震災

橋本龍太郎内閣……不況のなか消費税5%に引き上げ → デフレ進行　新ガイドライン

小泉純一郎内閣……「郵政民営化」「構造改革」道路公団民営化、北朝鮮訪問 → 日本人拉致問題未解決

　　　　　　　アメリカ同時多発テロ → 自衛隊イラク派遣

② 戦後の経済

◇高度経済成長　※戦争によって滅びかけたが、戦争によって甦る

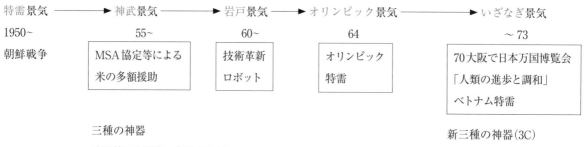

特需景気 ──────→ 神武景気 ──────→ 岩戸景気 ──→ オリンピック景気 ──────→ いざなぎ景気

1950~	55~	60~	64	~73
朝鮮戦争	MSA協定等による米の多額援助	技術革新 ロボット	オリンピック特需	70大阪で日本万国博覧会「人類の進歩と調和」ベトナム特需

三種の神器　　　　　　　　　　　　　　　　　　　新三種の神器(3C)
洗濯機・冷蔵庫・白黒テレビ　　　　　　　　　　　クーラー・カラーテレビ・車

　敗戦後、軍民あわせて約600万人が帰国(※軍人は復員、一般人は引揚げ)。食糧や生活物資は圧倒的に不足。戦前の食糧管理法はまだいきていたので、配給以外に食料を手に入れることは違法だが、極度の貧困のなか生きるために闇市などが開かれる。1950年頃から統制が撤廃され、自由な売買が認められ普通の生活を取り戻していく。テレビ放送が53年からはじまる。成長率が年平均10%を超える高度経済成長は55年から始まり、池田内閣において本格化。海外から産業用ロボットなどを積極的に導入する技術革新により、車など高品質工業製品の低価格大量生産がはじまった。国内では賃金上昇、米価の引き上げ、また円安による貿易拡大を背景に豊かさを増し、家電・自動車などの耐久消費財が家庭に普及する消費革命がおこり、1968年にはGNP(国民総生産)がアメリカに次いで世界第2位になった(中流意識)。このような高度経済成長も1973年の石油危機を受け、翌年に戦後初のマイナス成長となり、終止符が打たれた。

・技術革新から世界企業へ　松下幸之助の松下電器産業(パナソニック)、本田宗一郎の本田技術研究所(ホンダ)、
　　　　　　　　　　　　井深大・盛田昭夫の東京通信工業(ソニー)

・銀行・商社を中心に企業集団が形成され、終身雇用と年功序列の日本型経営を展開
　設備投資ブーム「投資が投資をよぶ」　各産業がいっせいに賃上げ要求を行う「春闘」

・60年代にはいると石炭から石油へのエネルギーの転換が急速に進む(「エネルギー革命」) → 石炭産業の斜陽化
　→ 三井三池炭鉱争議

・家族構成は夫婦と少人数の子どもの核家族が主流に

・農村　高度経済成長下で兼業農家が増え、じいちゃん・ばあちゃん・かあちゃんの「三ちゃん農業」とよばれる
　　　　農村の過疎化、米の生産過剰により70年から減反を行い生産抑制

・環境問題　四大公害 熊本の水俣病（新日本窒素肥料の工場からたれ流された水銀が原因、作家石牟礼道子）、

三重の四日市ぜんそく、富山神通川のイタイイタイ病、阿賀野川の新潟水俣病 ※裁判は全て原告の被害者勝訴

政府は67年公害対策基本法制定（→93年環境基本法）、71年環境庁（→2001年環境省）設置

97年CO$_2$排出削減目標を具体的に定めた京都議定書が採択され批准、⊛不参加

◇70年以降の経済

70年代、2度にわたる石油危機を省エネやパート労働への切り替えなどの減量経営や、ME技術を利用した工場無人化などで乗り切った。80年代に入り従来の鉄鋼、造船等の重厚長大型の産業は衰退、代わって自動車や半導体等の軽薄短小型のハイテク産業が台頭、世界のGNPに占める日本の割合は10％に、ODA（政府開発援助）の供与額も世界最大となった。その一方で、アメリカとの間に貿易摩擦の問題が生まれ、アメリカは自動車の輸出規制と農産物の輸入自由化をせまった（「ジャパン＝バッシング」）。政府は牛肉・オレンジの輸入自由化と米の部分開放を決定した。また85年のプラザ合意後は円高傾向が定着し円高不況となったが、それも内需拡大で乗り切った。80年代後半から、地価や株価が実態とかけ離れて高騰するバブル経済がうまれたが、90年代にはいると下落をはじめ、金融機関が大量の不良債権を抱え複合不況におちいった。企業も工場を海外に移転する等産業の空洞化が進む。

・モータリゼーションで交通事故死者増（「交通戦争」） 72年スーパーダイエーが売上高で三越を抜く（流通革命）
・70s カップラーメン　80s コンビニ　2000 パソコン・携帯電話

3 70年代以降の国際関係と戦後文化

70年代にはいり、米ソ冷戦は緊張緩和（雪どけ、デタント）へとむかった。しかし、80年代にはいるとアメリカはレーガン大統領が就任してソ連との対決姿勢を鮮明にし、「新冷戦」へはいった。これにより、米ソ両国は経済をさらに悪化させた。アメリカは国家財政、国際収支の「双子の赤字」に苦しんだ。ソ連も深刻な経済危機に見舞われ、ゴルバチョフの指導のもと体制の立て直し（ペレストロイカ）が行われたが、効果は薄かった。このような中、ついに1989年マルタ島で「冷戦終結」が米ソ共同で宣言された。ソ連は91年に解体となる。

核軍縮　部分的核実験停止条約（1963）　核兵器拡散防止条約（68）　中距離核戦力（INF）全廃条約（87）

◇戦後の娯楽・文学・学術研究
・歌手　並木路子「リンゴの唄」　笠置シズ子「東京ブギウギ」　美空ひばり「川の流れのように」、歌謡の女王
・映画　黒澤明「羅生門」1950ベネチア国際映画祭グランプリ、「影武者」カンヌ国際映画祭グランプリ
　　　　円谷英二「ゴジラ」「モスラ」「ウルトラマン」　溝口健二「西鶴一代女」
・戦争文学　峠三吉 原爆詩集、「ちちをかえせ、ははをかえせ」　　　井伏鱒二『黒い雨』
　　　　　　大岡昇平『俘虜記』従軍して米軍の捕虜となる　野間宏『真空地帯』　野坂昭如『火垂るの墓』
・純文学　太宰治『斜陽』　坂口安吾『白痴』『堕落論』　三島由紀夫『仮面の告白』　石原慎太郎『太陽の季節』
・岩波の総合雑誌『世界』　　　・マンガ　手塚治虫『鉄腕アトム』　長谷川町子『サザエさん』
・中間小説　松本清張 ～北九州生まれ、推理小説『点と線』　司馬遼太郎～歴史小説『竜馬がゆく』『坂の上の雲』
・学術研究　湯川秀樹 ～ 1949年、中間子理論で日本人初のノーベル物理学賞受賞 → 日本学術会議設立
　　　　　　ノーベル賞　朝永振一郎（物理65）→ 川端康成（文学）→ 江崎玲於奈（物理73）
　　　　　　　　　　→ 佐藤栄作（平和）→ 福井謙一（化学）→ 利根川進（医学生理）→ 大江健三郎（文学94『飼育』）…
　　　　　　社会科学　政治学の丸山真男、経済史学の大塚久雄、法社会学の川島武宜

　あとがきにかえて、つれづれなるままに心にうつりゆくよしなし事をそこはかとなく書きつくってみます。小5の担任が20代後半の女性の先生でした。ピアノが上手でしたね。よく授業を取りやめて、グラウンドで球技大会のサッカーの練習をしたりハロウィンの仮想パーティをしたりしてくれました。とても新鮮でした。ある日の音楽の授業で、教科書の最後のページに載っていた君が代を見てハッキリこう言いました。「君が代は嫌いだ」と。世の中がどういうものかまだよく分かっていない小学5年生には結構衝撃的かつ刺激的な言葉でした。思い返すに、彼女が君が代を嫌いな理由は二つ、一つは君が代は軍国主義の歌だということ、もう一つは天皇崇拝は非民主主義だということでした。子供ながらそういうものなのかと思いました。

　大人になって、日教組の教員は反日だけでなく、とにかく授業をないがしろにするということを知りました。「なるほど」と得心がいきました。君が代について今ならきちんと反論できます。アメリカ国歌、フランス国歌の日本語訳をネットで見てもらったらわかるように、これらは軍歌で、「敵を殺せ」という内容です。中国国歌も日中戦争中にうまれた軍歌で「日本を倒せ」という内容です。いずれの国も戦争で生まれた国ですから自然な流れといえるでしょう。それらに対し君が代はひたすら天皇の長寿を祈る内容です。何と平和な歌でしょう。イギリスは日本と同じ立憲君主国です。イギリス国歌は、国王の万歳を祈っており、君主国の国歌は君主の長寿を祈るというのがグローバルスタンダードなのです。ちなみにイギリス国歌には「反逆したスコットランド人を破れ」という歌詞もあるので軍歌の要素も含まれています。君が代は個人崇拝なのでしょうか？　日本国憲法第1条には「天皇は、日本国の象徴」と明記されていますよね。これはつまり「天皇＝日本」ということです。よって天皇の長寿を祈るということは、日本国のとこしえを祈ることになるわけで、それは国民としての自然な感情の発露に他なりません。したがって彼女の君が代批判は完全に非論理的で非学問的だったわけです。今更ながら、自分の一方的で偏った悪意のこもる価値観をいたいけな子どもに押し付けたことに強い怒りを覚えます。

　中2の頃なぜか背伸びをしたくなり、家の書棚にあった父親の司馬遼太郎の文庫を学校に持っていって休み時間に読み始めました。『燃えよ剣』の最後のシーンは今でも忘れられません。死に場所を求めて最後の突撃を敢行した土方歳三。「世に生き倦きた者だけはついて来い」しかし多勢に無勢、次々に味方が減っていく中、単騎で突っ込んでいきます。ついに敵兵から味方の司令官と間違われて「お名前は？」と問われます。「……新選組副長土方歳三」「そうですか新選組の土方歳三さんですか、えっー！！！」官軍の長州兵がどれくらいたまがったかというと「白昼に竜が蛇行するのを見たほどに仰天した」興奮状態がしばらくおさまりませんでした。一つの強烈な生き方を教示してもらった気分でした。ある日社会の授業が5分ほど早く終わり、自習になったので読みかけの『関ヶ原』を取り出して読み始めたら、机間巡視していた先生の目にとまり、しばらくボクの横に立ちいぶかしげな顔をしていました。小説を読んでいるのはクラスでボクだけでしたから。ボクは気にせずページをめくっていました。この社会の先生は担任でもあり、3者懇談で母親を前にしてこう言いました。「変わってますね」その時の先生の顔は微笑みを浮かべていたので、褒め言葉ととりました。ボクの心のメモ帳に一つ言葉が加わりました。「変わっているは褒め言葉」

　大学生になりました。ある日曜日、ふらりと厚木駅前の本屋を訪れた時に目に入り手にとったのが井沢元彦『逆説の日本史』でした。今、うちの書斎の本棚に井沢本が40冊近くはあるでしょうか。独特の井沢怨霊史観。井沢氏は作家で歴史の専門教育を受けた方ではないので、その学説は歴史学者から少なからずバッシングを受けていますね。今年（2024年）の大河は紫式部を描いた「光る君へ」ですが、藤原道長の時代に明らかに藤原氏と思われる右大臣家を倒して源氏が勝者となる『源氏物語』がうまれ、その作者、紫式部を道長が率先してサポートしたこの奇妙な状態を理解するカギは藤原氏に政治的に抹殺された源氏の「怨霊鎮魂」。今のところこれ以上の合理的説明はないと思います。井沢本のおかげで元寇の神風が完全にねつ造だったことを学問的に証明した服部英雄氏の『蒙古襲来』を読んで言葉を失い、そこからさらに豊臣秀頼が秀吉の実子ではないことを学問的に証明した『河原ノ者・非人・秀吉』を読んで目から鱗が落ちました。最近で最も唸ったのは、乃木希典に対する見方です。司馬遼太郎『坂の上の雲』では乃木大将は日露戦争においてロシアの旅順要塞にアホみたいに正面突撃を

行い、戦死者15000という多大な犠牲を出した愚将として描かれています。しかし、10年後の第一次大戦では、ドイツ軍はフランスのヴェルダン要塞を乃木軍と同じ戦法で攻め、100000という桁違いの戦死者をだしたにもかかわらず結局落とせませんでした。ということは乃木大将ははるかに少ない犠牲で敵要塞を陥落させた名将じゃないですか。少なくとも「愚将」ではありません。とは言っても歴史小説というのは「歴史のおもしろさ」を伝えるところに価値があるわけで、私としては乃木軍の参謀長伊地知幸介が弾の飛んでこない後方で「寒いよ〜寒いよ〜」とストーブに当たってて、駆けつけた児玉源太郎がブチ切れてそのストーブを蹴り上げてくれないと満たされないのです。話が少し逸れましたが、井沢元彦氏は一人で日本の通史に挑戦されているわけで、世の歴史学者たちはまずはその希有壮大な挑戦、他の追随を許さない行動力に拍手を送り、揚げ足をとるよりまずはそのよいところを素直に認め、日本の歴史研究の進歩発展にいかして欲しいと願う次第です。私個人としては、持統天皇の欄に「火葬を導入したことで死穢（しえ）の問題が解決され都の固定が可能に」を特記することで、氏に心からの敬意を表したいと思います。

　はじめにで「本書は日本史受験で点をとることに特化してつくった」といいましたが、しかしそれはあくまで「小目標」で、一人でも多くの教え子たちが、祖国日本を誇りに思い、好きになってほしいという「大目標」を常に胸に抱いています。かくいう私も10代の頃はどちらかというと“革新寄り”で、天皇何それ？　君が代カッコ悪っという人間でした（前述したように日本の歴史教育の典型的な被害者の一人です）。しかし自国の歴史を学べば学ぶほど、わが国のすばらしさ、誇らしさ、奥深さに気づかされました。わが日本国は天皇を国の基（もとい）として、建国以来2000年以上にわたって一つの王朝を守り続けてきた世界最古の国家なのです。山紫水明、四季折々の豊かな自然に恵まれ、その悠久の歴史の中で、先人たちは大自然や先祖を敬い感謝する心、和をもって貴しとする精神、多様な価値観を受け入れ認め合う寛容性、そして国難にたちむかう雄々しさをはぐくんできました。伝統を重んじながらも、進取の気性を常に忘れず、異文明・異文化を積極的に取り入れ固有の文化を生み出してきました。持ち前の我慢強さと勤勉性で先の大戦の荒廃から見事に復興し、世界に優れた工業製品を提供して世界の平和と繁栄に寄与してきたとともに、幾多の自然災害を互譲互助の精神で乗り越えてきました。まだまだ挙げればキリがありませんが、私は平和で豊かで自由で文化的な日本という国に生まれて、心からよかったと思っています。そしてこれからも祖国がそういう国であり続けて欲しいと心底願っているので、そのために歴史教師として人生をかけて自己研鑽に励むとともに、わが国の未来を担う若者達を全身全霊をもって導いていきたいと決意を新たにする所存です。

　さて、本書の表紙ですが、伊藤若冲（じゃくちゅう）の「虎図」を拝借しました。この虎に心がときめきました。日本文化は何でもかわいくしてしまうという特性を有していますね。若冲、受験ではマイナーですが日本美術界においては、2016年東京都美術館で開催された〈若冲展〉が「320分待ち」になるなど（映画2本観てもまだお目にかかれないという…）、ちょっと神がかった存在感を放っている江戸時代の絵師です。タイトルや表紙の基調となっている黒。黒は古今東西、喪に服す色、死を司る色でした。その黒に、千利休はあらゆる無駄をそぎ落とした末にたどり着き、至高の色、究極の理想としたわけです。世の中に利休関連のものはごまんとありますが、私の中で最高傑作は『へうげもの』（山田芳裕）です。マンガの一コマは時に文豪の描写や名画の一シーンを超越するのです。利休が生涯を賭して完成させた美、黒く侘（わ）びた世界の創造にほんの僅かでも寄与できたら幸いです。

　一つの情景があります。高1のある日の休み時間でした。売店でパンを買うために母校の長い廊下を歩いていると、タケゾウが女の子と話をしていました。声をかけられ、なりゆきでその子がつくった焼き菓子を一つもらいました。バターがよく効いたしっとりしたマドレーヌでした。青春の味がしました。それから月日は流れ……“その子”が毎日おいしい弁当やお菓子を作ってくれます（子供らのついでのおまけというウワサもありますが笑）。私がこうして好き勝手できるのも全て妻の理解と支えのおかげです。面と向かって伝えるのは照れくさいので、この場を借りて妻への感謝の意を表し、筆を置かせていただきます。

令和6年（2024）4月吉日　篠原豊太郎

著者プロフィール

篠原　豊太郎（しのはら とよたろう）

昭和 54 年（1979）	福岡県北九州に生まれる
平成 10 年（1998）	福岡県立東筑高校卒業
平成 14 年（2002）	青山学院大学文学部史学科卒業
平成 16 年（2004）	同大学院文学研究科史学専攻修士
	その後故郷の北九州に戻り、東筑紫学園高校特進
	コースにて教鞭をとる
平成 24 年（2012）	『日本史黒本』（文芸社）刊行
平成 26 年（2014）	『日本史黒本センター演習』（文芸社）刊行
平成 30 年（2018）	『国史黒本』（文芸社）刊行

現在 YouTube にて講義を、Instagram や Facebook にて情報を発信中
モットーは "仕事が遊び、遊びが仕事"

表紙：伊藤若冲「虎図」（石峰寺所蔵）
ⓒ Alamy Stock Photo/amanaimages

シン・国史黒本

2024年 4 月15日　初版第 1 刷発行

著　者　　篠原　豊太郎
発行者　　瓜谷　綱延
発行所　　株式会社文芸社
　　　　　〒160-0022　東京都新宿区新宿1－10－1
　　　　　　　　　　電話 03-5369-3060（代表）
　　　　　　　　　　　　 03-5369-2299（販売）

印刷所　　図書印刷株式会社